한국영화 100년
영화광고 100선

한국영화 100년 영화광고 100선

초판 1쇄 인쇄 2019년 8월 1일
초판 1쇄 발행 2019년 8월 10일

엮은이 편집부
펴낸이 김연희
주 간 박세경

펴 낸 곳 그림씨
출판등록 2016년 10월 25일(제2016-000336호)
주 소 서울시 마포구 월드컵북로 400 문화콘텐츠센터 5층 23호
전 화 (02) 3153-1344
팩 스 (02) 3153-2903
이 메 일 grimmsi@hanmail.net

ISBN 979-11-89231-20-0 03680
값 14,900원

이 도서의 국립중앙도서관 출판예정도서목록(CIP)은 서지정보유통지원시스템 홈페이지(http://seoji.nl.go.kr)와 국가자료공동목록시스템(http://www.nl.go.kr/kolisnet)에서 이용하실 수 있습니다.(CIP제어번호: CIP2019027727)

한국영화 100년
영화광고 100선

편집부 엮음

그림씨

《한국영화 100년 영화광고 100선》은 우리 영화 100주년을 맞아 기획, 출판한다.

잘 알려져 있는 것처럼 우리 영화는 1919년 10월 27일 단성사에서 상영된 최초의 연쇄극 〈의리적義理的 구토仇討〉에서 비롯한다. 연쇄극은 처음부터 끝까지 오롯이 필름 상영만으로 이루어진 오늘날의 영화와 달리, 연극과 그 중간에 상영되는 활동사진으로 이루어진 극을 가리킨다.
그렇다고 해도 우리 역사상 최초의 활동사진, 즉 영화 상영인 것만은 사실이다.
그렇게 시작한 우리 영화는 비약적인 발전을 거듭하여 오늘날에는 세계 속에 그 자리를 굳게 하고 있다.

그러나 우리 영화 분야의 아카이브는 매우 부족하니, 수많은 영화의 필름이 산실되어 오늘날 볼 수 없는 것은 물론이려니와 영화와 관련된 자료의 수집 또한 이제 걸음마에 불과하다.
영화를 알리기 위해 필수적이었던 인쇄물의 경우에도 오늘날 관심을 갖는 분야는 포스터 정도에 불과하다.
그렇지만 예전, 그러니까 인쇄매체인 신문이 새 소식 전달의 주요 수단이던 시절에는 포스터보다 더 상세한 정보를 수록, 전달하던 것이 신문광고였다.
우리가 우리 영화의 신문광고에 주목한 까닭이다.

우리 영화의 신문광고 작업을 하며 발견한 내용은 참으로 많으니 기존에 인터넷 및 도서로 전해오던 많은 자료에 존재하는 오류를 찾아낸 것들이 그것이다.
독자 여러분께서는 우리 영화 역사를 구성하는 대표적인 영화들과 관련된 다양한 정보를 이 광고들로부터 찾을 수 있을 것이다.

영화 광고가 주는 또 다른 의미는 그 시대에 영화가 어떤 방식으로 관객을 찾아갔는가 하는 점이다. 영화 광고는 시대별로, 대상 관객별로, 매체별로 다를 수밖에 없다.
또한 영화 광고의 '카피'를 읽는 일은 단순히 영화 홍보물을 읽는 것이 아니니, 시대상·영화상을 반영할 수밖에 없기 때문이다.

책은 영화 광고의 본모습을 가능한 한 제대로 전달하기 위해 첨단의 제본 기법을 도입하였다. 그 덕분에 영화 광고의 크기와 구성, 해상도. 내용을 가능한 실제와 가깝게 전달해드릴 수 있게 되었다.

이 작업을 주춧돌로 우리 영화에 대한 다양한 아카이브 작업이 이루어져 시각예술로서의 영화 관련 자료와 정보가 체계적으로 수집, 전달될 수 있기를 바란다.

2019. 8.

엮은이

차례

001

의리적義理的 구토仇討*

개봉 1919. 10. 27. 단성사

감독·극본 김도산
출연 김영덕, 김도산, 이경환, 윤혁

●일명 '의리적 구투仇鬪'.
●대한민국 최초의 활동사진으로, 우리 영화의 탄생작.

신파 신극좌 김도산 일행의
경성에서 촬영된
대 연쇄극**

이미 아시는 바와 같이 조선의 활동 연쇄극이 없어서 항상 유감히 여기던 바 한 번 신파 활동사진을 경성의 제일 명승지에서 박아 흥행을 작정으로 본인이 오천 원의 거액을 내어 본월 상순부터 경성 내외 좋은 곳에서 촬영하여 오는 27일부터 본 단성사에서 봉절封切 개연開演***을 하고 대대적으로 상장하오니 우리의 활가**** 제씨*****는 한 번 보실 만한 것이올시다.

* 일반적으로 '의리적義理的 구투仇鬪'라는 제목으로 알려져 있는데, 광고에 따르면 〈의리적 구토〉다. '구투仇鬪'는 '원수와의 싸움', '구토仇討'는 '원수의 토벌'이라는 뜻이니 썩 다르지 않다.
** 연극과 영화를 합친 극.
*** 봉절은 개봉. 개연은 연기를 시작함. 영화와 연극을 합친 극이므로 개봉과 개연이라는 표현을 함께 사용하였다.
**** 활극을 좋아하는 사람.
***** 여러 사람.
****** 활극과 비극을 합친 극.
******* 뚝도(뚝섬).

조선 신파의 활동사진은 금고今古에 처음
단성사 주인 박승필 근고

오는 10월 27일부터

제1회
신파 대활비극*******

의리적 구토

전 8막 27장

이번에 한하여 매일 오후 정오시부터 꼭 개연하오니 지체치
마시고 일찍 왕림하시기 바라나이다.

촬영 장소(박힌 곳)
한강 철교, 장충단, 청량리, 영미교, 남대문 정거장, 독도********,
전관교, 전차, 기차, 자동차, 노량진, 공원 기타

입장료
특등 1원 50전
1등 1원
2등 60전
3등 40전
단 군인 학생 반액

경성부 수은동

활동사진 상설
천활회사 특약
단성사
전화 959번

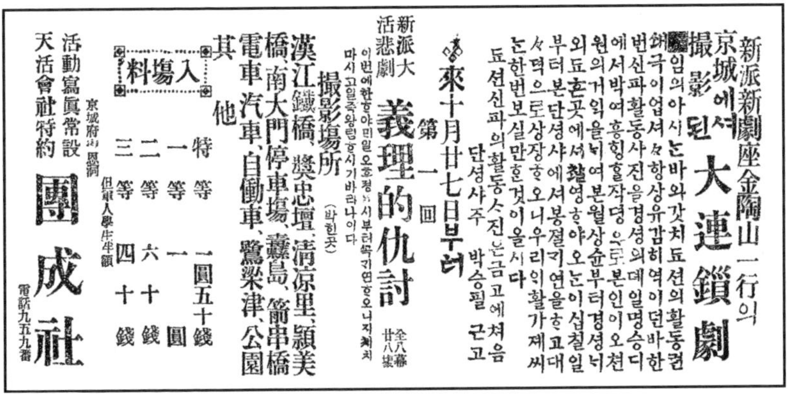

新派新劇座金陶山一行의
京城에서 撮影된 大連鎖劇
입의아시는바와갓치됴션의활동권
극이업셔셔々항상유감히역이던바한
번신파활동사진을경셩의뎨일명승디
에서박여흥힝할작뎡으로본인이오쳔
원의거익을니여본월상슌부터경셩니
외됴흔곳에셔촬영ᄒᆞ야오ᄂᆞᆫ이십칠일
부터본단셩사에셔봉절기연을ᄒᆞ고대
々뎍으로상장ᄒᆞ오니우리의활가제씨
ᄂᆞᆫ한번보실만ᄒᆞᆫ것이올시다
됴션신파의활동ᄉᆞ진ᄋᆞᆫ금고에쳐음
단셩사주 박승필 근고
來十月廿七日부터
第一回
新派大活悲劇 義理的仇討 全八幕廿八場
이번에한ᄒᆞ야ᄆᆡ일오후정오시부터ᄭᅩᆨ개연ᄒᆞ오니지체치마시고일즉왕림ᄒᆞ시기바라나이다
撮影場所 (박힌곳)
漢江鐵橋、奬忠壇、淸涼里、纓美橋、南大門停車場、纛島、箭串橋、電車、汽車、自働車、鷺梁津、公園 其他
入場料
特等 一圓五十錢
一等 一圓
二等 六十錢
三等 四十錢
但軍人學生半額
京城府壽恩洞
活動寫眞常設 天活會社特約 團成社
電話九五九番

1919. 10. 27.

002

총희寵姬의 연戀

개봉 1925. 1. 14. 단성사

각본·감독 윤백남
출연 김우연, 안종화

● 일명 〈운영전〉.
● 총희는 '사랑받는 여인'이라는 뜻으로, '총희의 연'은 '사랑받는 여인의 사랑'이란 의미로 영화의 주인공인 운영이 안평대군의 사랑을 받으면서도 안평대군의 벗인 김진사를 사랑하다가 비극적 결말에 이르는 데서 유래한 제목이다.

고대 비사 〈운영전〉
21일 단성사에 상영
조선키네마회사의 역작으로 내용의 장려함은 누구나 수긍

전번에 〈해海의 비곡祕曲〉이란 순수한 조선 영화를 내어 반도 영화계에 호평을 얻은 부산 조선키네마회사에서는 이번에 제2회 작품으로 조선시대극 수성궁비사壽聖宮祕史 〈운영전雲英傳〉을 〈총희의 연〉이라 이름을 고치고 상하 6권의 영화극으로 제작하여 오는 21일부터 시내 단성사에서 봉절 공개할 터이라는데, 이 영화는 사백년 전 세종조 시대에 권세가 일국에 떨치던 안평대군을 중심으로 하고 불붙듯 하는 연애의 싸움을 그려낸 웅편인 바 조선 극단의 명성으로 애극가愛劇家의 총애를 받는 이채전 부인을 비롯하여 김우연 양, 안종화 군 등의 주연으로 하물며 화려한 의상과 장대한 건물과 절가한 풍광을 정렬하여 내용의 상려함과 스케일의 웅대함은 족히 사백여 년 전의 옛날을 완연히 회상케 하며 그 위에 조선극계에 이름이 있는 윤백남 씨의 감독 하에 완성되어 어느 점으로 보든지 동 회사의 대역작임을 누구나 수긍하리라더라.(사진은 오른편으로부터 소옥으로 분장한 이채전 부인, 운영으로 분장한 김우연 양, 김련으로 분장한 최덕선 양)

古代秘史「雲英傳」
廿一日團成社에上映
됴선키네마회사의력작으로
내용의장려함은누구나수긍

영화 〈총희의 연(운영전)〉의 1924년 12월 13일자 《매일신보》 기사.

당 1월 14일(수)부터
고대하시던 조선 명화 봉절
조선키네마 주식회사 특작품
윤백남 씨 각색 감독

연애 명편

총희의 연

전 6권
(일명 〈운영전〉)

단성사

◎當月拾四日(水)부터
◎苦待하시든朝鮮名畵封切
朝鮮키네마株式會社特作品
尹白南氏脚色監督
◇戀愛名篇
籠姬의戀 (一名雲英傳) 全六卷
◇獨逸우ー화會社大作品
特選名畵 大史劇 오리베라의 勇將 全七卷
◇米國바이다클넙會社大作品
快傑단톤에主演者이엿든
名優에밀안닝그스氏大力演
特選名畵 情話 孔雀의歎 全六卷
名花고린누크리퓌스孃主演
(三大映畵를꼭보서요)
松竹유니社
朝鮮기네마
特約
團成社
電(光)一九五九

1925. 1. 15.

장한몽

개봉 1926. 3. 18. 단성사

원작 오자키 고요
각본·감독 이경손
출연 김정숙, 심훈

- 일본의 소설가 오자키 고요의 작품 《금색야차》를 조중환이 번안한 작품.
- 소설가 심훈의 배우 데뷔작.

演藝

新映畵「長恨夢」

= 조선영화로는처음보는걸작품 구천원을드려박은일곱권영화 =

鷄林映畵協會第一回作品

시내황금뎡(黃金町) 일뎡목일백팔십일번디게림영화협회(鷄林映畵協會)는조일재(趙一齋)씨의주재로지금영화계에서 지명한 배우들을망라하야 조선영화제작에노력중 데일회작품으로는 일본미긔홍엽(尾崎紅葉)씨의 원작금색야차(金色夜叉)를조일재씨가번안한장한몽(長恨夢)을영화한것인데 각색과감독은 방금사계의데일인자의칭찬을밧는 리경손(李慶孫)씨가하엿스며 주삼손(朱三孫)군 김정숙(金靜淑)양이 주연하고 정긔탁(鄭基鐸) 강홍식(姜弘植) 라운규(羅雲奎) 남궁운(南宮雲)리규설(李圭卨)군등과 김명순(金明淳)양등이 조연을 하엿스며서천수양(西川秀洋)군이 촬영케하엿다는데 이영화는 배우들의 기술로라든지감독촬영등이 작년도에촬영한명화들이아니라 이미공개된작품들과는비교도할수업슬만치 또는일본서제작한 일본영화보다도못하지안이하게될터이며원금 구천원을경비드려가지고 대규모로 촬영한후일곱권의영화이라 함니다 이영화는삼개월의장시일을두고 촬영한것인바방금최후

영화 〈장한몽〉의 1926년 2월 28일자 《동아일보》 기사.

1926. 3. 19.

단성사

계림영화사 제1회 특작품
조선 명화 대 비극

장한몽

전 9권

신영화 〈장한몽〉
조선영화로는 처음 보는 걸작품
구천 원을 들여 박은 일곱 권 영화
계림영화협회 제1회 작품

시내 황금정 일정목 181번지 계림영화협회는 조일재 씨의 주재로 지금 영화계에서 저명한 배우들을 망라하여 조선영화 제작에 노력 중, 제1회 작품으로는 일본 미기홍엽尾崎紅葉 씨의 원작 금색야차金色夜叉를 조일재 씨가 번안한 장한몽을 영화화한 것인데, 각색과 감독은 방금 사계의 제1인자의 칭찬을 받는 이경손 씨가 하였으며, 조삼손 군, 김정숙 양이 주연하고 정기탁, 강홍식, 나운규, 남궁운, 이규설 군 등과 김명순 양 등이 조연을 하였으며, 서천수양西川秀洋 군이 촬영 제화하였다는데, 이 영화는 배우들의 기술로라든지 괌독, 촬영 등이 작년도에 촬영한 명화뿐이 아니라 이미 공개된 작품들과는 비교도 할 수 없을 만치 또는 일본서 제작한 일본 영화보다도 못하지 아니하게 8천여 원 근 9천 원을 경비 들여 가지고 대규모로 촬영 전후 일곱 권의 영화이라 합니다. 이 영화는 3개월의 장시일을 두고 촬영한 것인 바 방금 최후의 종막을 촬영키 위하여 회원들이 평양에 출장 중인데, 6, 7일 후에는 경성서 먼저 봉절 공개하리라 합니다.

아리랑

개봉 1926. 10. 1. 단성사

각본·감독 나운규
출연 나운규, 신일선, 남궁운, 주인규

●나운규의 첫 번째 감독 작품.

영화 〈아리랑〉의 1926년 9월 19일자 《동아일보》 기사.

지상영화紙上映畵
조선키네마 제2회작
현대극 〈아리랑〉 전편全篇
나운규, 신홍련, 남궁운, 이규설 출연

해설
조선키네마영화회사에서는 제1회 작품으로 〈농중조籠中鳥〉라는 영화를 제작하여 많은 환영을 받고 제2회 작품으로 조선 영화배우계 일류스타인 나운규 군을 중심으로 현대극 아리랑을 촬영 중이라는 바 여배우로는 신홍련이란 신진 여우가 출연하였으며, 또는 이 영화에 특별한 것은 엑스트라를 수백 명이나 쓰는 것이라 한다.
개요
앞길이 구만리 같은 믿음성이 있는 청년 영진(나운규 분)은 남모를 불쌍한 일로 실진失盡을 하여 동리 사람들의 놀림감으로 그날그날 지내가던 중, 그의 눈에 원수로 보이는 것은 그 아버지의 많지 않은 벗으로 귀여운 누이동생 영희(신홍련 분)를 자기 것을 만들고자 하는 동리 부호 천상민의 집 청지기 기활이 있었다. 각설, 영진이와 한동리 태생으로 끔찍이 친한 동무 윤현구(남궁운 분)가 하계방학을 이용하여 마차를 타고 아리랑고개를 넘어서 그 동리에 들어왔다. 그러나 친구가 미쳤음을 보고는 찾아오지 아니하였었던 것이 도리어 좋았었다고 후회하였다. 영진은 미처 친구를 모르나 영진의 누이 영희는 영진의 대신으로 현구를 대하게 되었다. 그리하는 중 영희와 현구는 피차간 만날 때마다 고운 느낌을 느끼게 되었다. 그러나 그 기쁨도 일시로, 기활의 마수는 영희의 신변을 떠나지 아니하였다. 마침내 현구는 기활로 더불어 피를 흘리는 큰 싸움이 일어났다. 이때에 뜻밖에 알지 못할 칼은 기활을 찔러 넘어트렸다. 그는 영진의 소행이었었다. 영진은 그의 피를 보고 원 정신을 회복하게 되었다. 그러나 법망이야 벗을 수 있었으랴. 영진은 경관에게 결박되어 아리랑고개를 넘어가고 영희와 현구는 눈물겨운 중에도 기쁨을 같이 하게 되었다.(끝)

공전의 초특별 대흥행
(10월 1일부터 7시 시영始映)

조선키네마 초특작 영화
현대 비극 아리랑(전 8권)

규모로나 내용으로나 아직 조선 영화로서는 못 보던 훌륭한 영화입니다. 더욱이 일천 명의 임시 배우를 사용하였고 촬영비로 일만 오천 원을 돌파한 영화로, 출연 배우의 연기도 가장 몰첨*이 많습니다. 꼭 한 번 보아두시기 바랍니다.

| 단성사

* 맛을 더해 최선을 다함.

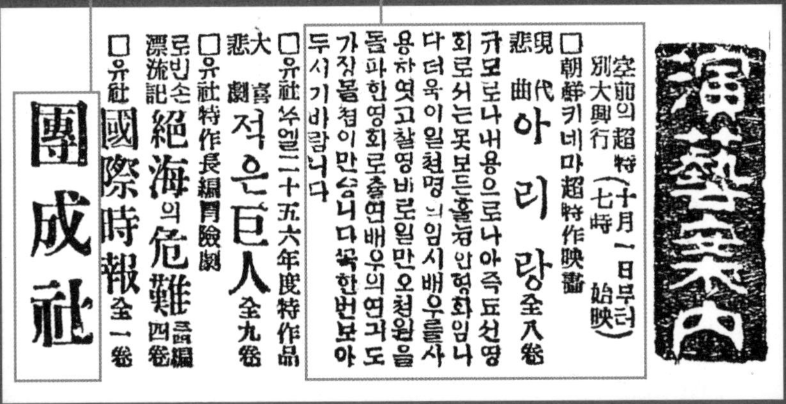
演藝案內
空前의超特別大興行（十月一日부터七時始映）
□朝鮮키네마超特作映畵
現代悲曲 아리랑 全八卷
규모로나내용으로나아즉됴선영화로서는못보든훌늉한영화입니다더욱이일천명의임시배우를사용하엿고촬영비로일만오천원을돌파한영화로출연배우의연긔도가장몰첨이만슴니다꼭한번보아두시기바랍니다
□유社쑤엘二十五六年度特作品
大喜悲劇 적은巨人 全九卷
□유社特作長編冒險劇
로빈손漂流記 絕海의危難 二篇四卷
□유社 國際時報 全一卷
團成社

1926. 10. 1.

야서(들쥐)

개봉 1927. 4. 9. 단성사

원작·각색 나운규
감독 김창선
주연 나운규, 신일선, 주삼손

- **나운규 원작, 각색, 주연.**
- **상영 금지 처분 후 개작, 편집하여 상영.**

演藝와音樂

朝鮮特作映畫
『野鼠』今夜上映
시내단성사에

긔보조선키네마 뎨사회작품인 각색감독 김창선(金昌善)라운(羅雲奎)신일선(申一仙) 주삼손(朱三孫)의주연인조선영화 야서(野鼠)는지난달 하순에촬영을마치고 그간편집중에잇던 바금구일밤부터 시내 단성사(團成社)에서 첫상영을할터이라는데 이영화는재래의조선영화보다는 이채가잇는것이라하며권수는 아홉권이나되는장편이라더라

最高人氣突破한
新作『復活』映畫
레오톨스토이옹원작
리아톨스토이씨감독

미국『뉴나이헤트아치스트』회사의금춘발표특작영화 로서아문호『레오톨스토이』옹의원작부활(復活)=카추샤!!는『레오톨스토이』옹의 아들『리아톨스토이』씨가 『백작의총지휘감독으로된청된것인데 지난삼월이십륙일 『뉴욕』으로부터온 통신에의지하면 바금동영화는『화성돈』시에잇는『리알토』좌에서 첫상영을하는중인데 그인긔는최근최고위를뎜하얏든고『루돌프바렌

영화 〈야서(들쥐)〉의 1927년 4월 9일자 《동아일보》 기사.

조선 특선 영화
〈야서〉 오늘밤 상영
시내 단성사서

기보 조선키네마 제4회 작품인 각색 감독 김창선, 나운규, 신일선, 주삼손의 주연인 조선영화 야서는 지난달 하순에 촬영을 마치고 그간 편집 중에 있던 바 금 9일 밤부터 시내 단성사에서 첫 상영을 할 터이라는데, 이 영화는 재래의 조선영화보다는 이채가 있는 것이라 하며, 권수는 9권이나 되는 장편이라 더라.

| 단성사

四月九日낮부터超特別大公開
◆朝鮮키네마第四回特作映畵
原作脚色……春史
監督……金昌善氏
主演羅雲奎氏申一仙孃朱三孫氏
野鼠(들쥐) 全九卷
絶對優秀現代劇映畵萬人이期待
하든珠玉篇人間哀樂의幻想曲!
◆유社쭈엘超特作白表映畵
로렌스트림쏠氏監督作品
愛의闇路 全九卷
◆유社애드벤추어特作大衆連續
斷腸의抒情詩!感激의血淚篇!
完結篇 黃金의魔神 全四卷
◆유社獨特센추리喜劇
엿먹어라 全二卷
◆順次封切될映畵
名作 全十卷
名劇 樂天王 全八卷
名作 荒 全八卷
團成社
電話光化門九五九番

1927. 4. 13.

4월 9일 낮부터 초특별 대공개
조선키네마 제4회 특작 영화

원작·각색 춘사
감독 김창선 씨
주연 나운규 씨, 신일선 양, 주삼손 씨

야서(들쥐)

전 9권

절대 우수 현대극
만인이 기대하던 주옥편
인간 애락哀樂의 환상곡

006

먼동이 틀 때

개봉 1927. 10. 26. 단성사

감독·시나리오 심훈
촬영 근전수삼랑
출연 강홍식, 한병룡, 신일선

● 소설가 심훈이 감독한 유일한 영화.
● 광고에 따르면 영화 제목은 〈먼동이 틀 때〉, 감독은 심훈, 촬영은 근전수삼랑이다. 그러나 1927년 8월 13일자 《동아일보》 기사를 보면 제목은 〈어둠에서 어둠으로〉, 총지휘 조일재, 촬영감독 심훈, 촬영 빈전수삼랑이라고 기록되어 있다. 그 까닭은 〈어둠에서 어둠으로〉라는 제목의 신문기사를 바탕으로 심훈이 원작과 각색을 맡았기 때문이다.

출연
강홍식, 한병룡,
주인규, 박제행,
김정숙, 신일선,
이진원, 서화정

전 10권

26일(수요)부터
단성사

계림영화협회 특작품
총지휘 조일재
원작·각색·감독 심훈
촬영 근전수삼랑
무대장치 이승만

어둠에서 어둠으로 헤매어 다니는 무리의 눈물겨운 생활!
몸서리쳐지는 현실!!
어느 전과자의 애화를 주제로 삼은

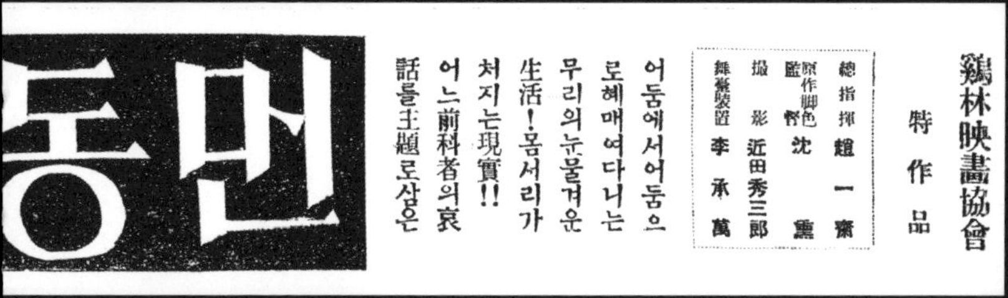
鷄林映畵協會
特作品
總指揮 趙一齋
原作脚色監督 沈熏
撮影 近田秀三郎
舞臺裝置 李承萬
어둠에서어둠으로헤매여다니는무리의눈물겨운生活！몸서리가처지는現實!!
어느前科者의哀話를主題로삼은
먼동

먼동이 틀 때

007 유랑

개봉 1928. 4. 1. 단성사

원작 이종명
각색 김영팔
감독 김유영
출연 임화, 강경희, 조경희

● 조선프로레타리아예술가동맹(KAPF) 소속 영화인 모임인 조선영화예술인협회의 첫 작품.
● 시인 임화의 영화 데뷔작.

촬영 중의 〈유랑〉

음력 정월에 개봉될 듯

충분한 자신과 완전한 설비를 가지고 지난 8일에 남한산성으로 로케이션을 출발한 조선영화예술협회에서는 그간 30여 명 회원이 야화野火를 놓고 맹렬한 추위와 깊은 눈과 싸우며 착착 진행 중인데, 늦어도 음력 정월 10일경에는 경성서 개봉되리라더라.
(사진은 촬영 중에 있는 〈유랑〉의 한 장면)

映畵界

撮影中의『流浪』
陰正月에開封될듯

충분한자신과 완전한설비를가지고지난 팔일에남한산성(南漢山城)으로『로케—슌』을 출발한조선 영화예술협회(朝鮮映畵藝術協會)에서는그간삼십여명회원이 야화(野火)를노코 맹렬한치위와 깁흔눈과 싸우며착착진행중인데 느저도음력 정월십일경에는 경성서개봉되리라더라
(○사진은촬영중에잇는

美人國二人行脚 十卷
은次週에特別封切됩니다
高級常設
團成社

영화 〈유랑〉의 1928년 1월 17일자 《동아일보》 기사.

향토정화
전 8권

눈물겨운 사랑의 로맨스

유랑

고급상설 단성사

4월 1일 낮부터 봉절

조선영화예술협회 작품

원작 이종명
각색 김영팔
감독 김유영
촬영 한창섭
조경희, 서광제, 추용호,
임화, 강경희, 차남신

* 《죽기 전에 꼭 봐야 할 한국영화 1001》, 이세기, 마로니에북스, 2011.

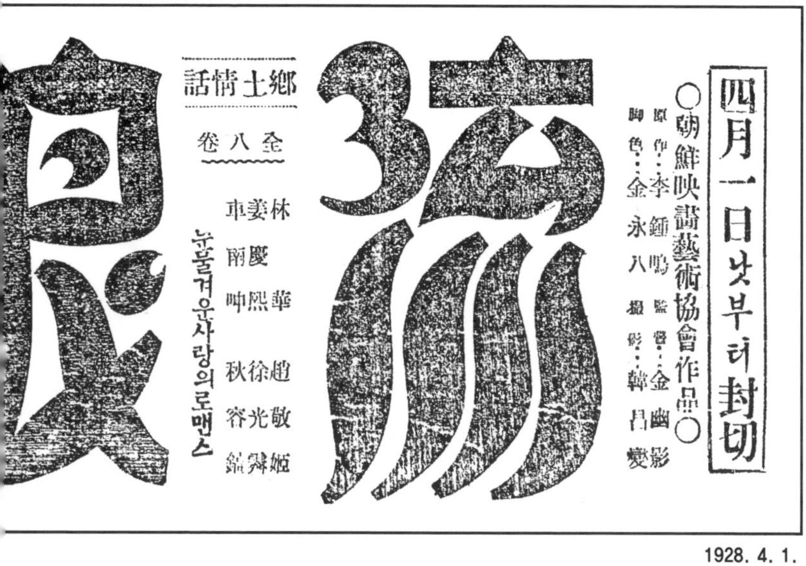

1928. 4. 1.

008 벙어리 삼룡

개봉 1929. 1. 18. 조선극장

원작 나도향
감독 나운규
출연 나운규, 윤봉춘, 유신방, 주삼손

● 나운규 제작, 각본, 감독, 출연.
● 나도향의 원작 《벙어리 삼룡이》를 영화화한 작품.
《벙어리 삼룡이》는 그 후에도 여러 번 영화화되었다.

관람료
계단 위 대인 80전
소인 50전
계단 아래 대인 50전
소인 30전
어린이 20전

명화전당 조선극장

기대 높던 이 대웅편雄篇! 만도滿都의 인사여! 운무같이 모이시라. 미증유의 촬영비와 천여 명 엑스트라로 제작된 불후의 대 걸작 영화는 종래의 모든 것을 초월하여 우리에게 새로운 그 무엇을 보일 것을 약속해 드린다.

한羅雲奎氏作品十八日封切!
三龍
期待놉든이大雄篇! 滿都의人士여! 雲霧가티모히시라 未曾有의撮影費와千餘名엑스트라로製作된不朽의大傑作映畵는從來의모든것을超越하야 우리에게새로운그무엇을보일것을約束해드린나
激업시엇지대하리
◇파라마운트名篇 아라비아三人盜賊 全八卷
◇파라마운트名篇 出世水兵 全七卷
觀覽料
階上 大人金八十錢 小人金五十錢
階下 大人金五十錢 小人金三十錢
어린이 金二十錢
名畵殿堂 朝鮮劇場

만뢰萬雷의 폭음과 함께 당당 사계斯界)에
군림한 나운규 씨 작품 18일 봉절!

벙어리 삼룡

불후 불멸 대제왕편을 감격 없이 어찌 대하리

돌연 봉절!

나운규 프로덕션 제5회 초특작
사계 유일의 대영화
고 나도향 씨 원작 영화화
주연 나운규 씨
감독 춘사 씨
촬영 손용진 씨

출연 명성
윤봉춘 씨,
이금룡 씨,
유신방 씨,
박정섭 씨,
주삼손 씨,
엑스트라 천 명

1929. 1. 19.

009

임자 없는 나룻배

개봉 1932. 9. 14. 단성사

감독·각본 이규환
촬영 손용진, 이명우
주연 나운규

● 이규환의 첫 번째 감독 작품이자 대표작.

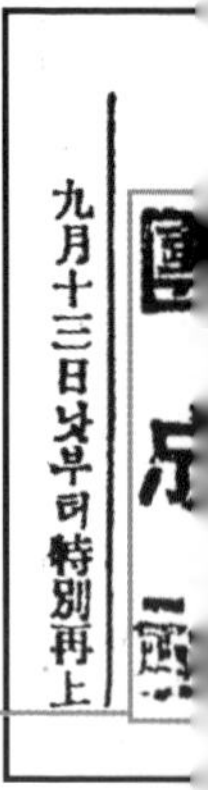

| 단성사

1932년 〈임자 없는 나룻배〉를 리메이크한 1962년판 〈임자 없는 나룻배〉의 1962년 1월 4일자 《동아일보》 광고.

9월 14일부터 조선 명화 봉절
유신키네마 제2회 특작품

주연 나운규
감독 이규환
촬영 손용진
동　 이명우

임자 없는 나룻배

전 8권

거성 나운규 씨의 연기상上 신경지를 개척한 운명 비극.
주옥 같은 극적 진경에 그 누가 울지 않을까?

1932. 9. 14.

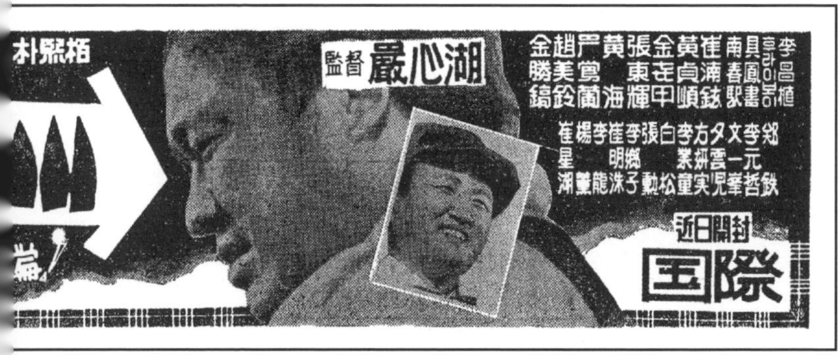

010

청춘의 십자로

개봉 1934. 9. 21. 조선극장

감독·각본 안종화
출연 이원용, 김연실, 신일선, 박연

| 조선극장

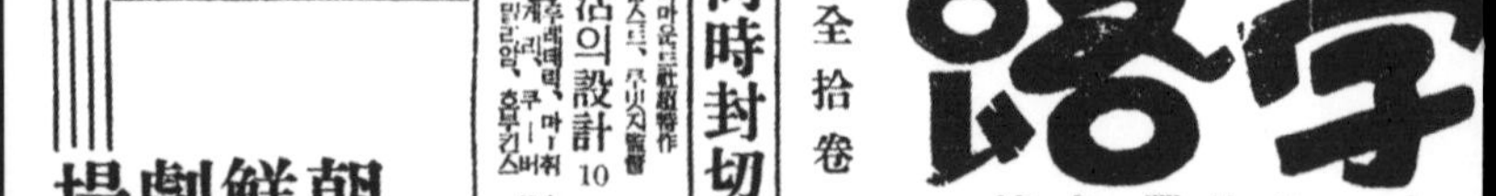

1934. 9. 21.

감독 안종화
촬영 이명우
주연 이원용, 김연실, 신일선, 박연

전 10권

기대의 조선 영화
단연 21일 공개

서정시

조선 초유의 초결작 문예 명편!
금강키네마사 작품

청춘의 십자로

춘향전

개봉 1935. 10. 4. 단성사

감독·촬영 이명우
출연 문예봉, 한일송, 임운학, 김연실

● 우리나라 최초의 발성영화.
● 우리나라 영화 최초의 주제가 도입.

특별요금
매일 3회
오전 11시, 오후 2시, 7시

4일 봉절
단성사

1935. 10. 4.

위훈*! 천하 대망·조선 최초의
발성영화의 출현!!

조선폰** 전 발성

춘향전

감독 이명우李銘牛, 김소봉
촬영 이명우李明雨
녹음 이필우, 중천효사
주제가
작사 김팔련
작곡 홍난파
빅터 전속 가수 김복희
출연 박제행, 한일송, 최운봉, 임운학, 이종철, 문예봉, 노재신, 김연실, 김영숙

제작자의 결연한 분투는 보기에 비장! 내용의 다채, 표현의 활달은 완전 상합하여 의미 전권에 일윤溢潤하였으며, 묘취妙趣 또한 당대를 석권하리니, 황차 호간浩幹한 대작품으로서의 〈춘향전〉의 발성화는 또한 조선 영화의 조종朝宗일 것을 확신한다.

* 위대한 공훈.
** 조선말, 즉 우리나라 말.

미몽

광고 날짜 확인 불가
개봉 날짜 확인 불가

감독 양주남
촬영 황수조
출연 김인규, 나웅, 문예봉
특별출연 조택원 무용연구소 회원

●한국영상자료원 선정 한국영화 100선.
●현재 유통되고 있는 많은 자료집과 인터넷에 따르면, 본 영화의 개봉 일시와 장소가 1936년 10월 25일 단성사와 동양극장으로 기록되어 있으나 그날의 단성사와 동양극장 광고를 보면 두 극장에서 개봉하지 않은 것은 분명하다. 단, 현재까지 신문광고 지면에서 개봉일을 확인할 수는 없다. 따라서 광고 지면 또한 확인할 수 없다.

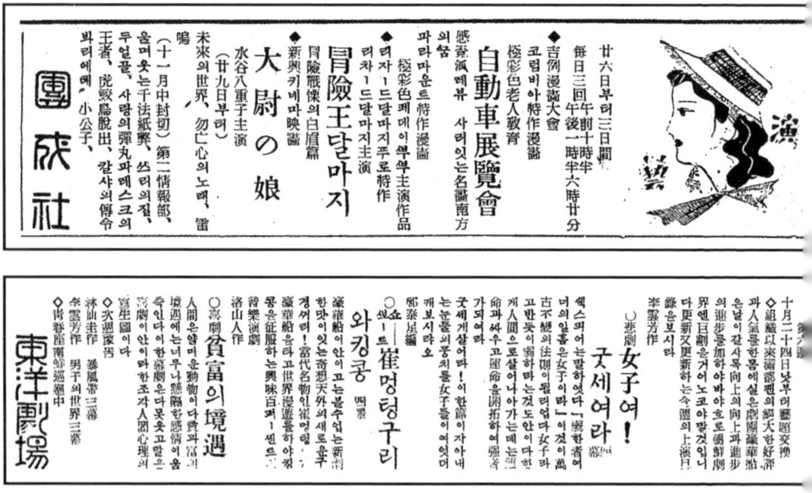
演藝
廿六日부터三日間
每日三回 午前十時半 午後一時半六時廿分
◆吉例漫畵大會
코럼비아特作漫畵
極彩色老人敎育
自動車展覽會
感覺派레뷰 사러잇는名畵南方외쏨
파라마운트特作漫畵
極彩色페데이쑤쑤主演作品
◆리자ㅣ드달마지푸로特作
리차ㅣ드달마지主演
冒險王달마지
冒險戰慄의白眉篇
◆新興키네마映畵
大尉の娘
水谷八重子主演
(廿九日부터)
未來의世界、勿亡心의노래、雷鳴
(十一月中封切)第二情報部、울며웃는千法紙弊、쓰러의집、무얼풀、사랑의彈丸파데스크의王者、虎蛟島脫出、칼샤의傳令뫄리에예、小公子、
團成社
十月二十四日낫부터藝園交換
◆組織以來滿都펜의絶大한好評과人氣를한몸에실은劇團豪華船은날이갈사록向上의向上과進步의進步를加하야바야흐로朝鮮劇界엔巨劇을거어노코야말것입니다更新又更新하는今週의上演目錄을보시라
李雲芳作
悲劇 女子여! 굿세여라
섹스피어는말하엿다「弱한者여너의일홈은女子이라」이것이萬古不變의法則이될리업다女子라고반듯이弱하라는것도안이다한게人間으로살어나아가는데는命과싸우고運命을開拓하여가되여라
굿세게살어라!이한篇이자아내는눈물의뭉치를女子들이여엇머캐보시라오
鄭蔡焜編
○쑈ㅣ트 崔멍텅구리 와킹콩 四景
豪華船이안이고는볼수업는新劇한맛이잇는奇想天外의새로운구경꺼리!當代名物인崔멍텅구豪華船을타고世界漫遊를하야킹콩을征服하는興味百퍼ㅣ센트
音樂演劇
洛山人作
○喜劇 貧富의境遇
人間은얄미운動物이다貧과富의境遇에는너무나懸隔한感情이움즉인다이한幕劇은다못웃고말은喜劇이안이라한조각人間心理의寫生圖이다
◆次週豫告
林仙圭作 暴風帶 三幕
李雲芳作 男子의世界 三幕
◆靑春座南鮮巡廻中
東洋劇場
1936년 10월 26일자 《매일신보》에 실린 단성사와 동양극장 광고. 〈미몽〉을 상영한다는 내용은 없다.

경성촬영소 작품

미몽

조선어 전 발성

경성촬영소에서는 이번에 경기도 경찰부 보안과 후원으로 교통영화 〈미몽迷夢〉을 촬영하였다고 합니다. 머지않아 시내에서 봉절하리라고 하는데 그 제작 스태프는 다음과 같습니다.

감독 양주남
촬영 황수조
주연 김인규, 나웅, 문예봉
조택원 무용연구소 회원 특별출연

스타일」에잇서서 영국류행을 지도하신것과 마찬가지로 영국누인모의 류행은「마리나」비전하로부터 울어나오는것이랍니다

日
△五月十六日(陰)
△丁亥…土
△七月四日(土)
△祭祀에宜함
△月入午前四時二六分

京城撮影所作品

迷夢

朝鮮語全發聲

경성촬영소에서는 이번에 경기도경찰부보안과후원으로 교통영화「미몽(迷夢)」을 촬영하엿다고 합니다 머지안어 시내에서 봉절하리라고하는데 그제작「스탭프」는 다음파갓슴니다

監督 梁柱南
撮影 黃雲祚

主演 金寅圭 羅雄 文藝峰
趙澤元舞踊研究所會員特別出演

영화 〈미몽〉의 1936년 7월 4일자 《매일신보》 기사.

013

사랑에 속고 돈에 울고

개봉 1939. 3. 17. 부민관

감독 이명우
각본 임선규
출연 황철, 차홍녀

●1936년 7월 23일부터 동양극장에서 공연한 임선규의 연극 작품 〈사랑에 속고 돈에 울고〉를 영화화한 작품.

명창과 고전무용
조선성악연구회 특선 명창
조선고전무용연구소원

연합 특별 찬조 출연
일류 명창 명무 대가 총동원

부민관에서
규모는 웅대·구상은 탁기·정서는 면전綿纏**
3월 17일부터 5일간 주야 3회

50전 균일

1939. 3. 16.

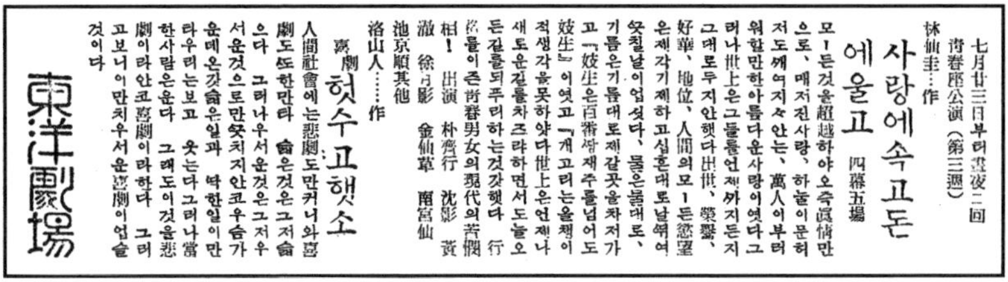

七月廿三日부터晝夜二回
靑春座公演（第三週）

林仙圭…作

사랑에속고돈에울고 四幕五場

모ㅣ든것을超越하야오즉眞情만으로、매저진사랑、하눌이문허저도깨여지지안는、萬人이부러워할만한아름다운사랑이엿다그러나世上은그들를언제까지든지그대로두지안햇다出世、榮譽、好華、地位、人間의모ㅣ든慾望은제각기제하고십흔대로날뛰여엇칠날이업섯다、물은물대로、기름은기름대로제갈곳을차저가고『妓生은百番쌍재주를넘어도妓生』이엿고『개고리는올챙이적생각을못하얏다世上은언제나새토운길를차즈랴하면서도늘오든길를되푸리하는것갓햇다 行路를이즌靑春男女의現代의苦憫相！

出演 朴齊行 沈影 黃澈 徐月影 金仙草 南宮仙 池京順其他

喜劇 헛수고햇소

洛山人……作

人間社會에는悲劇도만커니와喜劇도또한만타 슯은것은그저슯으다 그러나우서운것은그저우서운것으로만웃치지안코우슴가운데온갓슯은일과 딱한일이만타우리는보고 웃는다그러나當한사람은운다 그래도이것을悲劇이라안코喜劇이라한다 그러고보니이만치우서운喜劇이업슬것이다

東洋劇場

1936년 7월 27일자 《매일신보》에 실린 연극 〈사랑에 속고 돈에 울고〉 광고.

전승의 이 봄을 장식할 동극의 호화 흥행!

전 발성

사랑에 속고 돈에 울고

타의 추종을 절대 불허할 영화·명창·무용 3중주의 초특 서비스

불후의 대작 명극본 영화화·동극 영화부 제1회 초노급편超弩級篇[**]
청춘좌 전원 총출동·동극·고려영화부 합동 제작

* 마음이 깊게 얽히고 감겨 떨어지기 어려움, 헤어지기 어려운 남녀의 정을 말한다.
** 폭탄과 같은 수준의 작품.

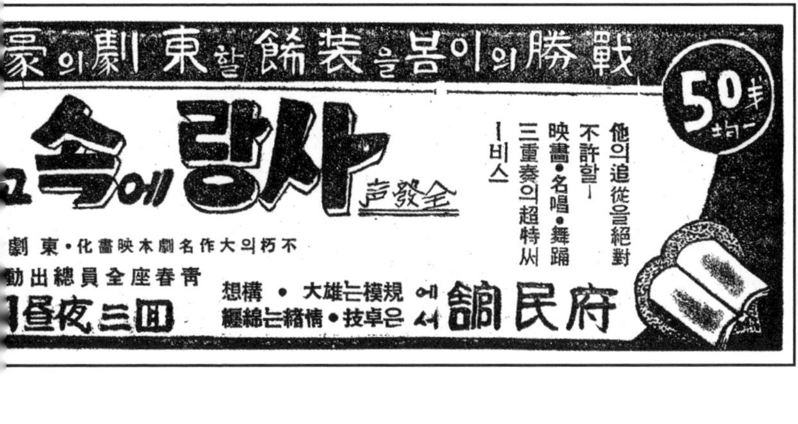
戰勝의이봄을裝飾할東劇의豪
50錢均一
사랑에속고
全發声
他의追從을絕對不許할—
映畵·名唱·舞踊
三重奏의超特써—비스
不朽의大作名劇本映畵化·東劇
靑春座全員總出動
晝夜三回
府民舘에서
規模는雄大·構想
卓技은·情緒는纏綿

집 없는 천사

개봉 1941. 2. 19. 경성보총극장

감독 최인규
각색 서구원정
출연 문예봉, 김신재, 윤봉춘

●한국영상자료원 선정 한국영화 100선.

19일부터

집 없는 천사

최인규 작품

고려영화 16년도 초대작
조선 영화의 세기적 승리!
취하라!
이 감격 이 정열에!

1941. 2. 19.

제작 이창용
원작·각색 서구원정
대사 임화
음악 이등선이
음악 김준영
국어판 판도 정
촬영 김정성일

출연 문예봉, 김신재, 태훈, 김일해, 윤봉춘, 전택이, 유현, 박창혁, 강정애, 남조유미, 고기봉, 백란
기타 '탄무원' 아동 출연

50전
특별 유료 시사회
경성보총극장

015

똘똘이의 모험

개봉 1946. 9. 7. 국제극장

제작 박창원
각본 김영수
감독 이규환
출연 이금룡, 독은기, 최운봉, 복혜숙, 한은진
찬조출연 방산공립초등학교, 왕십리체육회

● 김영수 원작의 KBS 라디오 연속극을 영화화한 작품.

똘똘이의 모험

7일부터

해방 이후 남일영화사 첫 작품

제작 박창원
각본 김영수
윤색 안석주
감독 이규환
촬영 양세웅
조명 김성춘
출연자
이금룡, 독은기, 최운봉,
남승민, 손전, 최성섭,
복혜숙, 강정애, 한은진
찬조출연 방산공립초등학교,
왕십리체육회

오전 10시 개장
국제극장

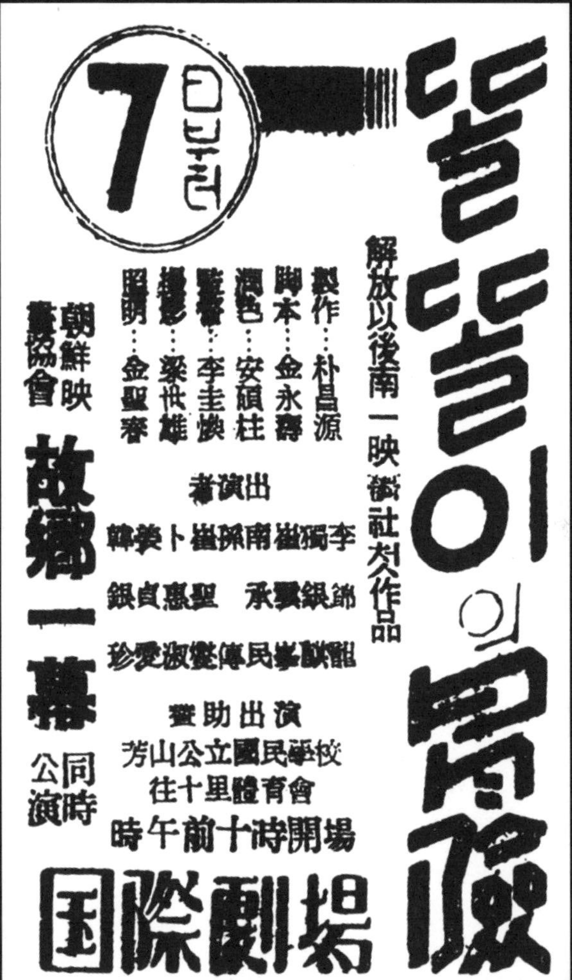
7일부터
똘똘이의 모험
解放以後南一映畵社첫作品
製作…朴昌源
脚本…金永壽
潤色…安碩柱
監督…李圭煥
撮影…梁世雄
照明…金聖春
朝鮮映畵協會
故鄕 一幕
同時公演
出演者
賛助出演
芳山公立國民學校
往十里體育會
時午前十時開場
國際劇場

1946. 9. 7.

016 자유만세

개봉 1946. 10. 22. 국제극장

각본 전창근
감독 최인규
촬영 한형모
음악 박태헌
출연 전창근, 유계선, 황려희

● 한국영상자료원 선정 한국영화 100선.
● 광복 후 처음 상영된 우리 영화이자 항일투쟁을 주제로 한 광복 영화의 효시.*

* 《한국민족문화대백과사전》.

해방 경축 영화

자유만세

일찍이 조선영화의 분수령이었던
'고려영화협회' 옛 동인 재기!
형로의 해방 전야! 위대한 민족
영웅의 혈투사 재현!!
거화巨火! 8·15 일주년 경축 기념일
공개

제작책임자 방수원, 이창용
고려영화협회, 사회사업, 향린원
공동제작
연출 최인규
극작 전창근
촬영 이명우
기획 김정혁
극무 이윤희
연출응원 안종화, 안석주, 윤봉춘,
이규환

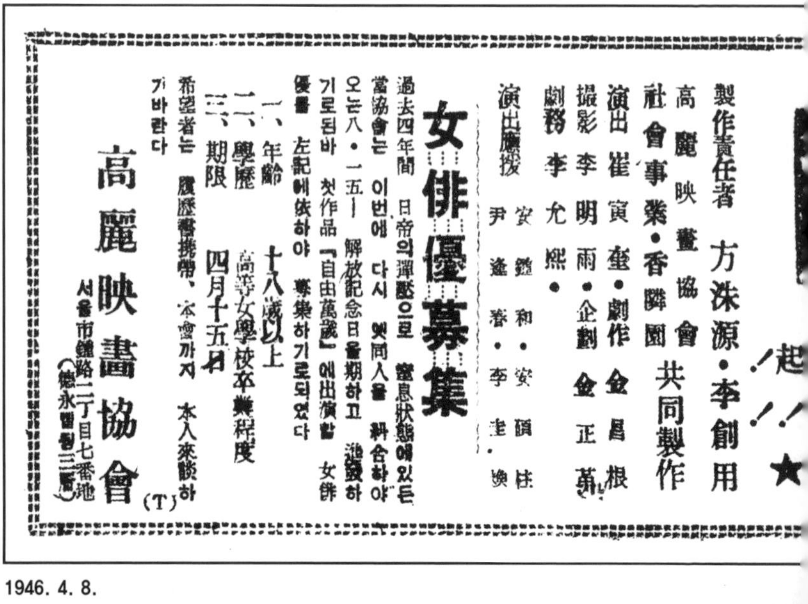

起!!

製作責任者 方洙源·李創用
高麗映畫協會
社會事業·香隣園 共同製作
演出 崔寅奎·劇作 金昌根
撮影 李明雨·企劃 金正革
劇務 李允熙·
演出應援 安鍾和·安碩柱
尹逢春·李圭煥

女俳優募集

過去四年間 日帝의彈壓으로 窒息狀態에있든 當協會는 이번에 다시 옛同人을 糾合하야 오는八·一五一 解放記念日을期하고 進發하기로된바 첫作品『自由萬歲』에出演할 女俳優를 左記에依하야 募集하기로되였다

一、年齡 十八歲以上
二、學歷 高等女學校卒業程度
三、期限 四月十五日

希望者는 履歷書携帶、本會까지 本人來談하기바란다

高麗映畫協會 (T)
서울市鍾路二丁目七番地 (德永빌딩三層)

1946. 4. 8.

고려영화협회 사회사업
향린원 공동작품

자유만세

최인규 감독
황려희, 유계선, 독은기,
전창근

해방조선에 보내는
순열殉烈의 꽃다발
22일부터 국제극장

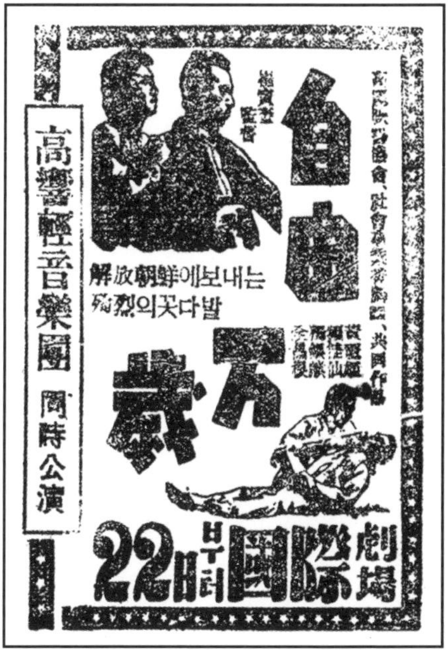

1946. 10. 20.

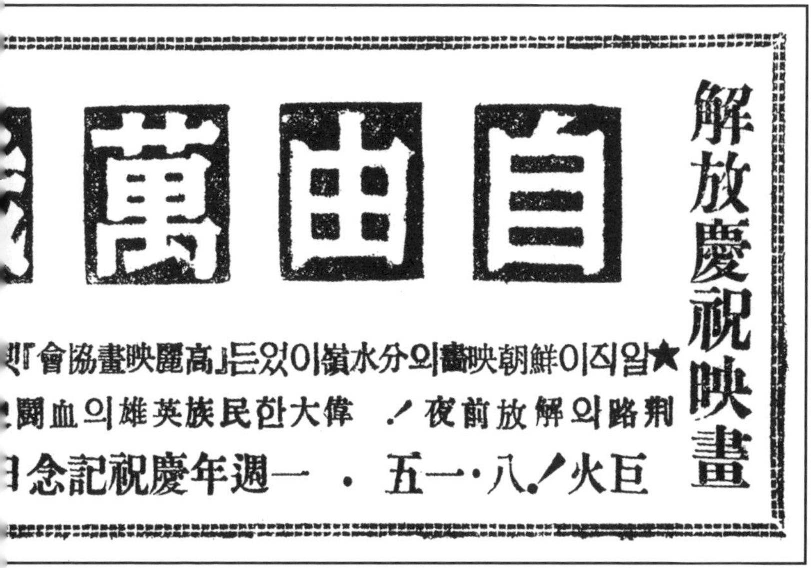

017

검사와 여선생

개봉 1948. 6. 5. 우미관

감독 윤대룡
촬영 박희영
출연 나정옥, 윤신옥, 이은영, 김영환

● 한국영상자료원 선정 한국영화 100선.
● 윤대룡 감독 데뷔작.

1948. 6. 5.

개관 35주년 기념 특별 공연

문교부 추천 영화

검사와 여선생

감독 윤대룡
촬영 박희영

출연 나정옥, 윤신옥, 이은영,
이업동, 김동민, 강파, 김영환,
박영태 외 엑스트라 2,000여 명

조선영화공사 작품

5일부터 봉절(1주일간)
우미관

마음의 고향

개봉 1949. 2. 9. 수도극장

원작 함세덕
각본 곽일병
감독 윤용규
촬영 한형모
출연 변기종, 석금성, 남승민, 최은희

- 함세덕의 희곡 〈동승童僧〉을 원작으로 한 우리나라 최초의 불교 영화.
- 한국영상자료원 선정 한국영화 100선.
- 1950년 4월, 한국-프랑스 간 첫 문화 교류의 일환으로, 날프영화사의 〈꿈속의 노래〉와 교환 상영.

잇이마시고보시라! 苦待
할머니와 할아버지와 어머니와
東西映畵 1回作品
깨끗한
마음의故鄕
• 맨든사람들 •
製作…李康洙 • 脚本…郭一秉
監督…尹龍奎 • 撮影…韓瀅模
照明…高海振 • 音樂…朴惠一
같이보고같이울고웃고하실이눈물의巨作!!
子息은 어머니를 그리워하고 어머니는 죽은子息을 그리워하는 애뜻한이두터운情!!
婦人손님은
(1回•11時 2回•12時半
오늘 (9日)
1949. 2. 9.

잊지 마시고 보시라! 고대하시던
9일은 드디어 왔습니다.
할머니와 할아버지와 어머니와
아버지와 누나와 전 가족이 함께 보실
영화!!

깨끗한 마음의 고향
눈물의 마음의 고향

동서영화 1회 작품

만든 사람들
제작 이강수
각본 곽일병
감독 윤용규
촬영 한형모
조명 고해진
음악 박혜일

나오는 사람들
변기종, 석금성, 남승민, 김선영, 유민,
최은희, 최운봉, 차근수, 오헌용

같이 보고 같이 울고 웃고 하실 이 눈물의 거작!!
자식은 어머니를 그리워하고 어머니는 죽은 자식을
그리워하는 애틋한 이 두터운 정!!
기쁨이 있는 분, 슬픔이 있는 분, 희망이 있는 분,
눈물이 있는 분, 누구나 다 같이 한 번 가족이 함께
놓치지 마시라. 감격의 거편을!

부인 손님은 혼잡하오니 제1회 시간에 오십시오.
(1회 11시, 2회 12시 반, 3회 2시, 4회 4시, 5회
5시 반, 6회 7시)

오늘(9일)부터
수도극장

9日은 드듸여 왔음니다
누나와 全家族이함께보실映畵!!
눈물의
마음의故鄕
• 나오는사람들 •
卞基鍾•石金星•南承民
金鮮英•柳 民•崔銀姬
崔雲峰•車根洙•吳憲鏞
1回時間에오십시요
5回•5時半 6回•7時)
都劇場
기뿜이있는분•슬음이있는분•希望이있는
분•눈물이있는분•누구나 다—같이 한번
家族이함께노치지마시라感激의巨篇을!

019

출격 명령

개봉 1954. 9. 16. 시공관

각본 김영수
감독 홍성기
출연 김일해, 염매리, 전택이, 노경희

●공군의 지원을 받아 제작한 홍보 영화.

신영화촬영소 작
동남영화사 배급

근일 개봉

1954. 9. 16.

사랑을 싣고 실지 회복에의 용사는
오늘도 또 내일도 창공을 달린다.

국제시장에 진출하는 한국영화의 위용을 보시라!

신예 홍성기 감독
촬영 정인엽
음악 안병소
기획 김승호
주연 이집길, 염매리, 노경희
특별출연 전택이, 김일해

출격 명령

020

운명의 손

개봉 1954. 12. 14. 수도극장

제작·감독 한형모
각본 김성민
음악 박시춘
출연 윤인자, 이향, 주선태

●한국영상자료원 선정 한국영화 100선.

| 한형모 프로덕션 제작

人情도 사랑도 愛情도 없는「運
그러나 그女性은사랑의自由를
運命
韓國映畵 三十餘年歷史의 結實
近代女性의 사랑의 自由와 魔手의
巨作! (高麗映畵會社配給)
新春一般大開封에 앞서서!
完成披露特別有料試寫

1954. 12. 14.

| 신춘 일반 대개봉에 앞서서!
완성 피로 특별 유료 시사회

인정도 사랑도 애정도 없는 '운명의 손'에 복종해야
할 것인가!
그러나 그 여성은 사랑의 자유를 외치다!

귀재 한형모 감독 작품

운명의 손

한국영화 30여 년 역사의 결실 드디어 성취!
근대 여성의 사랑의 자유와 마수의 조직망을 폭로한
문제의 거작!(고려영화회사 배급)

이향, 윤인자 경연

12월 14일, 15일
2일간
수도극장

021

미망인

개봉 1955. 4. 2. 중앙극장

제작 전창근
원작 이보라
감독 박남옥
촬영 김영순
출연 이민자, 이택균, 나애심

- 한국영상자료원 선정 한국영화 100선.
- 한국 최초의 여성 감독 박남옥의 데뷔작.

1955. 4. 2.

우리나라 최초의 여류 감독 박남옥 쾌작 드디어 개봉

문제의 영화!

미망인

제작 전창근

극작 이보라

촬영 김영순

음악 조백봉

주연 이민자, 이택균, 나애심, 박영숙,

신동훈, 노강, 이성주

미망인만이 가질 수 있는 미망인의 심정!

자매영화사 제작·배급

2일부터

10시 개장

주야 연속 상영

중앙극장

022 피아골

개봉 1955. 9. 23. 국도극장

제작 김병기
각본 김종환
감독 이강천
촬영 강영화
출연 노경희, 김진규, 허장강, 이예춘

● 한국영상자료원 선정 한국영화 100선.

운봉 지리산에서 결사적 촬영 감행!
애원의 골짜기 '피아골'에서 피와 사랑의 비극!!

피아골

기획·제작 김병기
감독 신예 이강천
출연 노경희, 김진규, 허장강, 김익환, 김영희, 이예춘, 이원철, 송돈상, 곽건, 윤왕국

촬영 강영화
각본 김종환
음악 정회갑
녹음 이경순
진행 이익재

백호영화제작자 작품

23일 개봉
국도극장

靈峯 智異山에서 決死的 撮影敢行!
哀怨의 걸작 "되아골" 에서 되와 사랑의 悲劇!!
李康天
國都극장
23日開封

1955. 9. 23.

023

양산도

개봉 1955. 10. 13. 국도극장

제작 변순제
감독 김기영
음악 성경린
출연 김삼화, 조용수, 김승호, 고선애, 박암

● 한국영상자료원 선정 한국영화 100선.
● 중요무형문화재 제1호 종묘제례악 예능 보유자이자 국립국악원 원장을 지낸 성경린이 음악을 담당하였다.

오직 하룻밤의 인연에 천년의 한을 품고 죽은 수동과 옥랑!!

서라벌영화공사 특작

양산도

제작 변순제
감독 김기영
촬영 신현호
조명 최진
녹음 이경순
음악 성경린
시나리오 이운방, 이태환, 김기영
창 박초월

1955. 10. 2.

가야금 김윤덕
옥랑 김삼화
수동 조용수
최씨 고선애
막쇠 김승호
무령 박암
진사 고설봉
홍씨 고일연
갓난이 이영옥
점돌이 최용
텁석뿌리 이기홍
총각 박행철
처녀 이남미

당당 2시간 상영

만원사례

광주, 대전, 인천
추석특별개봉

1955. 10. 13.

024

청춘쌍곡선

개봉 1957. 2. 12. 중앙극장

제작 삼성영화사
감독 한형모
촬영 이성휘
출연 황해, 양훈, 지학자, 이빈화, 양석천, 김희갑, 복혜숙

● 한국영상자료원 선정 한국영화 100선.

1957. 2. 12.

홀쭉이와 뚱뚱이 상영 중 매일 단연 무대 등장 실연!
한국 희극계의 명성名星 총출연!
폭소 거편!

박시춘, 김방일, 황해, 양훈, 양석천, 김희갑,
지방열, 경윤수, 복혜숙 고선애, 이빈화, 지학자

한형모 감독
이성휘 촬영

청춘쌍곡선

'라디오'로 알려진 홀쭉이와 뚱뚱이

12일 개봉
중앙

025

자유부인

개봉 1956. 6. 9. 수도극장

원작 정비석
제작 방대훈
감독 한형모
촬영 이성휘
출연 김정림, 김동원, 노경희, 이민,
양미희, 박암, 주선태

●한국영상자료원 선정 한국영화 100선.
●정비석의 베스트셀러 소설 《자유부인》을 영화화한 작품.
●흥행 성공에 힘입어 1957년 1월 〈자유부인 속편〉을 제작, 상영.

전국 SK체인 극장 일제 개봉!

《서울신문》에 연재되어 수십만 독자를 열광케 한 정비석 작 문제의 장편소설의 완전 영화화!

사랑이냐? 허영이냐? 운명의 기로에 서서
방황하는 아내의 성도덕의 위기!!

한형모 감독

자유부인

원작 정비석
제작 방대훈
촬영 이성휘

공연 김정림, 김동원, 노경희, 이민, 양미희, 박암, 주선태, 고향미, 안나영, 고선애

1956. 5. 9.

1957년 1월 11일자 《경향신문》에 실린 〈자유부인 속편〉 광고.

개봉박두!

삼성영화사 제작
한형모 프로덕션 작품

026

시집가는 날

개봉 1957. 2. 11. 수도극장

각본 오영진
감독 이병일
촬영 임병호
음악 임원식
출연 조미령, 김승호, 최헌, 서월영

- 한국영상자료원 선정 한국영화 100선.
- 오영진의 희곡 〈맹진사댁 경사〉를 영화화한 작품.
- 제4회 아시아영화제 특별희극상 수상.
- 제8회 베를린영화제, 제7회 시드니영화제 출품.

1957. 2. 14.

헐리웃 영화계를 행각하며 수련을 거듭하는
이병일 감독의 국제 수준을 지향한 야심작!

동아영화 주식회사 제작

시집가는 날

일명 〈맹진사댁 경사〉

감독 이병일
주연 조미령, 김승호

11일 개봉
수도

수도영화 주식회사 배급
동시개봉 14일
부산 동아극장

027

잃어버린 청춘

개봉 1957. 9. 18. 중앙극장

제작 임화수
각본 유두연
감독 유현목
출연 이경희, 최무룡, 조석근

● 제1회 한국영화평론가협회상 연출상.

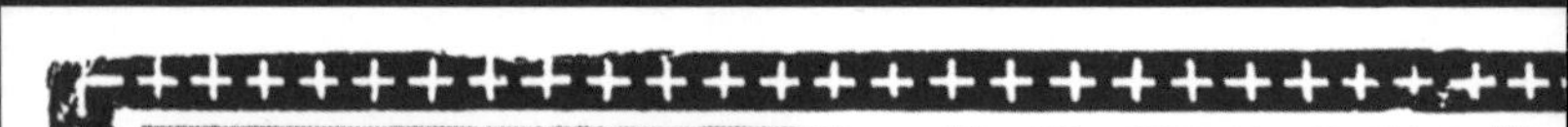

1957. 9. 17.

울고 웃고 피투성이가 된 어둠의 시간 속에
억울한 운명을 통곡하는 청춘의 고독!

잃어버린 청춘

주연 최무룡, 이경희
감독 유현목
제작 임화수
각본 유두연

조광영화사 작품
한국연예 주식회사 배급

18일 개봉
중앙

028

실낙원의 별

개봉 1957. 9. 28. 국도극장

원작 김내성
제작 강치성
각본 유두연
감독 홍성기
출연 주증녀, 문정숙, 김동원, 노경희, 한은진, 전택이

●김내성의 신문 연재 소설《실낙원의 별》을 영화화한 작품. 그러나 김내성은 소설 연재 도중 뇌일혈로 쓰러져 타계하였다.
●전편의 흥행 성공에 힘입어 〈실낙원의 별 후편〉도 제작, 상영되었으나 성공하지 못했다.

1957년 12월 30일자《경향신문》에 실린 〈실낙원의 별 후편〉 광고.

1957. 9. 26.

마침내! 개봉!!
이것은 모든 남편과 아내와 애인,
즉 우리들 자신의 이야기다!

전 영화계의 화제 집중!!
김래성 씨의 절필 명작소설 영화화!!

실낙원의 별

기획·각색 유두연
제작 강치성

김동원, 주증녀, 노경희,
한은진, 문정숙, 전택이

주식회사 동도공사 영화부 제작

28일 개봉
국도

아내와 愛人,
身의 이야기다!
별
全映畵界의 話題集中!!
金來成氏의 絕筆名作小說映畵化!!
映畵部 製作
28日開封
國都

029

돈

개봉 1958. 3. 9. 국제극장

제작 김소동, 김승호
감독 김소동
각본 손기현
출연 김승호, 최은희, 최남현, 김진규

- 한국영상자료원 선정 한국영화 100선.
- 제2회 한국영화평론가협회상 감독상.

1958. 2. 27.

사회악과 인간상을 추궁한 처참한 현실의 부감도!
그 위에 난무하는 돈! 돈!!

돈

제작 김소동, 김승호
촬영 심재흥
음악 한상기

감독 김소동
주연 김승호, 김진규, 최은희, 최남현
전택이, 노경희, 황정순, 정애란, 한림, 정민,
박고송, 임양, 김칠성, 이룡, 정철, 변성환, 오문성

1958년도 동남아영화제 출품 당선 작품

김 프로덕션 작품

근일 개봉
서울 국제극장
부산 현대극장
대구 대구극장

030

지옥화

개봉 1958. 4. 5. 중앙극장

제작 신상옥
각본 이정선
감독 신상옥
촬영 강범구
음악 손목인
출연 최은희, 김학, 조해원

● 한국영상자료원 선정 한국영화 100선.

1958. 2. 27.

무법과 불법의 육정의 거리!!
사회의 파문을 일으킬 희대의 이색 대작!!

주연 최은희, 김학, 조해원
신상옥 제7회 감독 작품

한국 최고의 연기파 여우 최은희의 양부인!!

지옥화

현상당선 제명 '육정肉情' 개제

서울영화사 제작
불이영화 배급

紋을 일으킬 稀代의 異色大作!!
申相玉 第七回監督作品
韓國最高의 演技派女優
崔銀姬의 洋婦人!!
不二映画 配給

별아 내 가슴에

개봉 1958. 5. 31. 국제극장

원작 박계주
각본 이봉래
감독 홍성기
출연 김동원, 주증녀, 양미희, 이민, 김지미

● 소설가 박계주의 《서울신문》 연재소설을 영화화한 작품.

1958. 5. 31.

원작 박계주
각색 이봉래

《서울신문》 연재소설

별아 내 가슴에

전 여성의 감동과 눈물로 전개되는 비련의 기복!
전편에 넘쳐 흐르는 눈물의 거작!!

한국영화 주식회사 제작

감독 홍성기
촬영 정인엽
조명 함완섭
미술 임명선
음악 김동진
김동원, 주증녀, 양미희, 이민, 김지미

31일 개봉
국제

"서울신문연재소설"
내가슴에
監督 洪性麒
全女性의感動과 눈물로展開되는
悲恋의起伏! 全篇에넘처흐르
는눈물의巨作!!
金芙蓉
李敏

032

종각

개봉 1958. 8. 29. 국제극장

원작 강노향
각본 청남
감독 양주남
출연 문정숙, 허장강, 장민호, 양일민

●부제: 또 하나의 새벽을 그리며
●강노향의 소설 《종장鐘匠》을 영화화한 작품.

1958. 8. 28.

드높은 태양의 꿈을 통하여 찬란히
개화되는 동방의 낭만과 휴머니티의
새 마당에 또 하나의 새벽이
다가선다!

종각
부제: 또 하나의 새벽을 그리며

음악 김대현
촬영 유장산
기획 이현수
각색 강청남
원작 강노향

문정숙, 허장강
공연 임동훈, 양일민, 정철, 이기홍,
하지만, 장민호, 맹만식

제작 강청남
감독 양주남

8월 프로덕션 제작
불이 배급

29일 개봉
국제

인생차압

개봉 1958. 10. 29. 국제극장

각본 오영진
감독 유현목
촬영 홍동혁
음악 한상기
출연 김승호, 유계선, 최남현, 황정순

●극작가 오영진의 희곡 〈살아 있는 이중생 각하〉를 영화화한 작품.
●〈살아 있는 이중생 각하〉는 1957년 국립극단에 의해 〈인생차압〉이라는 이름으로 공연하였으며, 유현목이 이를 영화화한 작품이다.

1958. 10. 28.

한국이 자랑하는 연기파 명우를
총동원한 희대의 열연편

인생차압

삼성영화 주식회사 작품

제작 유충윤
기획 유도윤

감독 유현목

김승호, 박암, 유계선, 최남현,
박상익, 황정순, 이민, 김근자

각본 오영진
촬영 홍동혁
조명 서영훈
미술 이봉선
음악 한상기

29일 개봉
국제

034

비극은 없다

개봉 1959. 8. 15. 국제극장

원작 홍성유
각본 최금동

감독 홍성기
출연 양미희, 김진규, 최무룡, 김지미

●홍성유의 동명 소설을 영화화한 작품.

1959. 7. 14.

보라! 짙검은 피의 기록 6.25의 역사

비극은 없다

한국일보 100만 환 현상당선소설

원작 홍성유

각색 최금동

감독 홍성기

서강욱 역 김진규

김윤애 역 양미희

진어 역 김지미

장도현 역 최무룡

최남현, 장동휘, 황정순

한국일보사 후원

차주 개봉

국제

035

육체의 길

개봉 1959. 8. 19. 국도극장

제작 김형근
각본·감독 조긍하
음악 박시춘
출연 김승호, 김지미, 최무룡, 이경희

증축 신장 특선 프로!!

육체의 길

감독·시나리오 조긍하
제작·음악 박시춘
김승호, 김지미의 대열연

금년도 최고의 수확!
전 영화계를 포효하는 웅장한 스케일!
지고의 명편

눈 나리는 이 거리에
말 못하고 서 있음이 벙어리냐!
귀먹쟁이냐?
혼 빠진 육체의 길에서 통곡마저
이제는 제 것이 아니기에….
나는 이렇게 피를 씹으며 서 있는 거요!

신장 개관 프로
국도

增築新裝特選푸로!!
肉体의 길
今年度最高의 收穫!!
全映畫界를 叱咤하는 雄壯한 스케일!!
至高의 名篇
趙肯夏
監督·시나리오
눈나라는 이거리에
말못하고 서왔음이 벙어리냐! 귀먹장이냐?
혼-빠진肉体의 길에서 통곡마저 이제는
제것이 아니기에…
나는 이렇게 파를 씹으며 서왔어요!
朴是春
作曲·音樂
金勝鎬 金芝美의 大熱演!!
의 王座
新裝開館푸로
國都

'59. 8. 16.

036

이름 없는 별들

개봉 1959. 10. 31. 국도극장

각본 최금동
감독 김강윤
촬영 김형근
음악 김동진
출연 황해남, 조미령, 최남현, 장민호, 전옥

● 한국영상자료원 선정 한국영화 100선.

光州学生独立運動三十
日帝의 暴政과 压迫에 蜂起한 우리百万学徒의

광주 학생 독립운동 30주년 기념 작품!

일제의 폭정과 압박에 봉기한 우리 백만
학도의 거룩한 독립 혈투사 드디어 영화화!

이름 없는 별들

각계의 협찬으로 대담·섬세하게 묘파한
획기적 초대웅 거편!
제작 이재명
감독 김강윤, 윤봉춘, 노필
각본 최금동

촬영 김형근, 변인집

조미령, 최남현, 이빈화, 방수일, 전계현,
장민호, 김신재, 황해남, 추석양, 박상익,
이향, 이해랑, 특별출연 서월영, 전옥, 변기종

한국영화합동공사 특별 제공
아세아영화 주식회사 초대작

11월 3일(학생의 날)
국도

1959. 10. 13.

037

로맨스 빠빠

개봉 1960. 1. 28. 명보극장

제작·감독 신상옥
각본 김희창
출연 김승호, 최은희, 김진규, 주증녀, 도금봉, 엄앵란, 김석훈

- 한국영상자료원 선정 한국영화 100선.
- 제7회 아시아영화제 남우 주연상(金勝鎬).
- 신성일 데뷔작.
- KBS 라디오 방송극을 영화화한 작품.

풍자와 유-모어로 엮어진 눈물과
폭소의 인생 축도!

로맨스 빠빠

제작·감독 신상옥
원작·각본 김희창
김승호, 김진규, 김석훈, 주선태,
남궁원, 신성일(신인), 최은희,
도금봉, 엄앵란, 이빈화, 주증녀

신상옥 프로덕션 작품

인기 절정

28일 개봉
명보

諷刺와 유-모어로 엮어진
눈물과 爆笑의 人生縮圖!!
製作監督 申相玉
原作脚色 金凞昌
金勝鎬 金振奎 金石薰 朱善榮 南宮遠 申星一(新人)
崔銀姬 都琴峰 엄앵란 李嬪華 朱曾女
申相玉푸로덕슌 作品
로맨스 빠빠
人氣絶頂
遂 28日
煖房完備
明寶

1960. 1. 27.

박서방

개봉 1960. 10. 5. 국제극장

제작 이화룡
감독 강대진
원작 김영수
각본 조남사
촬영 이문백
출연 김승호, 황정순, 김진규, 조미령, 엄앵란, 황해

● 한국영상자료원 선정 한국영화 100선.
● 제8회 아시아영화제 남우 주연상(김승호).

이번 추석에 즐기실 대망의 명화
박서방!!

이번 추석 영화의 왕자

박서방

주연 김승호, 김진규, 황정순, 조미령,
엄앵란, 김혜정, 황해, 김희갑
감독 강대진
제작 이화룡

HLKA연속방송극 영화화!
흥분과 통쾌와 눈물 속에 전개되는
박서방의 생활 묘파描破!

대망의 영화
드디어 5일 개봉
국제

0. 10. 2.

1960. 8. 14.

039

하녀

개봉 1960. 11. 3. 명보극장

각본·감독·제작 김기영
촬영 김덕진
출연 김진규, 주증녀, 이은심, 엄앵란, 안성기

- 한국영상자료원 선정 한국영화 100선.
- 제1회 최우수 국산영화상.
- 제8회 아시아영화제 출품.

1960. 11. 2.

이 영화는 처음부터 보아야만 합니다.
간음에 복수하는 하녀의 광태狂態!

하녀

감독 김기영

김진규, 주증녀,
이은심, 엄앵란

희유의 우수 영화
전야 유료감상회

한국문예영화 주식회사 작품

2일 오후 8시 20분 1회

3일 대개봉
명보

성춘향

개봉 1961. 1. 28. 명보극장

각본 임희재
감독 신상옥
촬영 정해준
출연 최은희, 김진규, 한은진, 허장강

●한국영상자료원 선정 한국영화 100선.
●제22회 베니스국제영화제 출품.
●홍성기 감독, 김지미 주연의 〈춘향전〉이 10일 먼저 개봉했으나, 흥행 및 평가 면에서 〈성춘향〉이 모두 승리하였다. 그때까지 국내 영화사상 최고의 흥행을 기록하였다.

홍성기 감독, 김지미 주연의 〈춘향전〉 광고.

당당 해외시장에 진출하는 한국영화!
총 제작비 1억 2천만 환!
기획일수 2개년 유여!
등장인원 2만여 명!

우리 생애 최고 최량의 춘향전!

성춘향

한국영화 40년 신 프로덕션 창립
10년의 숙원! 드디어 여기에 실현!

감독 신상옥
성춘향 최은희
이몽룡 김진규
향단 도금봉
방자 허장강
월매 한은진
변학도 이예춘

서월영, 박암, 김희갑,
구봉서, 양석천, 양훈

제작·감독 신상옥
기획 황남
촬영감독 이형표
각본 임희재
음악 정윤주
미술 강성범

신상옥 프로덕션 초대작품

차주
명보, 대구 만경관, 부산 제일

堂々海外市場에進出하는韓国映画!
総製作費 1億2千万圜!
撮影日数 2個年有余!
登場人員2万余名!
崔銀姬 金振奎 都琴峰 許長江 韓銀珍 李芸春
우리生涯 最高最良의 春香傳!
成春香
韓国映画40年 申프로創立10年의宿願! 드디어여기에 実現!
監督 申相五
総天然色
시네마스코-프
成春香
申相五
申相五프로덕숀 超大作品
明宝
大邱 万鏡館
釜山 第一
次週

1961. 1. 18.

041

마부

개봉 1961. 2. 15. 국제극장

제작 이화룡
감독 강대진
각본 임희재
촬영 이문백
출연 김승호, 신영균, 조미령, 황해, 황정순,
엄앵란, 김희갑, 주선태

- 한국영상자료원 선정 한국영화 100선.
- 제11회 베를린영화제 은곰상, 심사위원 특별상.

마부

구정 프로의 왕자

칸영화제 출품 예정 작품

과부 식모와 홀아비 마부 간의 구수한 사랑의 금자탑!

제작 이화룡
감독 강대진
각본 임희재
기획 박희백
촬영 이문백
조명 윤영선

김승호, 신영균, 조미령, 황정순,
황해, 엄앵란, 김희갑, 주선태,
윤인자, 최지희

구정 개봉
국제

1961. 2. 9.

042

오발탄

개봉 1961. 4. 13. 국제극장

제작 김성춘
원작 이범선
감독 유현목
각본 이종기, 이이령
촬영 김학성
출연 김진규, 최무룡, 서애자, 문정숙

- 한국영상자료원 선정 한국영화 100선.
- 이범선 원작 소설 〈오발탄〉을 영화화한 작품.
- 제7회 샌프란시스코영화제 출품.

칸영화제, 베를린영화제 출품
예정작품

한국영화가 처음으로 세계에
도전하는 전위적인 예술영화 오발탄!
젊은 세대의 정열과 고뇌와 환희를
기울인 일대 명작!
백만 독자의 찬양과 더불어 사회에
많은 물의를 일으켜온 문제작!

오발탄

4293년도* 동인문학상 후보작
영화화!

제작 김성춘
촬영 김학성
감독 유현목

김진규, 최무룡, 문정숙, 김혜정,
서애자, 노재신, 유계선, 서경희,
남춘역, 이룡, 윤일봉

대한영화제작 주식회사 작품

차주 개봉
국제

* 1960년.

칸느映画祭
伯林映画祭
出品予定作品
韓国映画가 처음으로
世界에 挑戦하는
前衛的인 芸術映画
誤発弾!
젊은 世代의 情熱과 苦悶과 歡喜를 그려낸 一大巨作!
製作 金聖春
誤発弾
4293年度 東仁文学賞
候補作 映画化!
百万読者의
讃揚과 非難의 論争에
많은 物議를 일으켜온
問題作!
撮影 金学成
監督 俞賢穆
次週開封
大韓映画製作株式会社 作品
여러분의

61. 4. 6.

043 삼등과장

개봉 1961. 5. 4. 국도극장

제작·감독 이봉래
각본 전범성
촬영 이병삼
출연 김승호, 도금봉, 황정순, 방수일, 김희갑

● 한국영상자료원 선정 한국영화 100선.

요절복통할 웃음의 연속!

통쾌한 사회풍자!

3등과장

김승호 열연
황정순, 도금봉, 방수일, 김희갑,
박성대, 김아미, 복혜숙, 윤인자,
석금성, 윤왕국, 김숙일

제작·감독 이봉래

각색 전범성
후반기 프로덕션 초대작

5월 4일 개봉
국도

腰折腹痛할
웃음의連續!
痛快한社会諷刺!
제작·감독 李奉來
金勝鎬熱演
3等課長
金泓一 尹王国 石金星 卜仁子 尹惠淑 金嬉美 朴成大
金岳甲 方秀一 都琴峯 黃貞順
同時
인천、愛館
대전、新都
광주、第一
대구、大邱
부산、釜山
5月 4日開封
여러분의전당

61. 5. 2.

044

사랑방손님과 어머니

개봉 1961. 8. 26. 명보극장

원작 주요섭
각본 임희재
감독 신상옥
출연 최은희, 한은진, 김진규, 전영선

● 한국영상자료원 선정 한국영화 100선.
● 주요섭의 단편소설 〈사랑손님과 어머니〉를 영화화한 작품.
● 제9회 아시아영화제 최우수 작품상.
● 제1회 대종상영화제 감독상(신상옥).

1961. 9. 14.

순문에 여성영화!
한국 낭만 문학의 극치!한국 단편 문학의 정

옥희 "아저씨. 여태 우리 엄마 못 봤우. 우리 엄마 참 이뻐요. 이 세상에서 젤 이뻐요."
선호 "하하… 맞았어. 엄마가 젤 이뻐."
옥희 "애개. 보시지도 않구 젤 이쁘대."
선호 "하하…."
옥희 "집에 가서 엄마한테 말해서 인사시켜 줄게."
선호 "아, 아냐. 안 돼."
옥희 "왜?"
선호 "글쎄, 참 옥희는 밤에 엄마하구 한자리에서 자니?"
옥희 "응. 근데 아저씬 왜 우리 엄마를 무서워하우? 우리 엄만 무서운 사람 아녜요"
선호 "난 무서워."
옥희 "호호, 아저씬 겁쟁이셔."
선호 "하하…. 난 이 세상에서 엄마가 젤 무서워."

신상옥 프로덕션 작품
서울영화흥업 주식회사 배급

사랑방손님과 어머니

제작·감독 신상옥
기획 황남
원작 주요섭
각본 임희재
최은희, 도금봉, 신영균, 김희갑, 허장강
김진규, 한은진, 전영선(소녀)

차주
명보

SHIN-FILMS SHIN-FILMS SHIN-FILMS SHIN-FILMS
☆ 韓國浪漫文学의 極致!
☆ 韓國短篇文学의 精華!
옥희「아저씨 여태 우리엄마 못봤우 우리 엄마 참 이뻐요。이 세상에서 젤 이뻐요」
선호「하하… 맞았어 엄마가 젤 이뻐」
옥희「애개 보시지두 않구 젤 이쁘대」
선호「하하……」
옥희「집에 가서 엄마한테 말해서 인사 시켜 주께」
선호「아、아냐、안돼」
옥희「왜?」
선호「글쎄、참 옥희는 밤에 엄마하구 한자리에서 자니?」
옥희「응、근데 아저씬 왜 우리 엄마를 무서워하우? 우리엄만 무서운 사람 안예요」
선호「난 무서워」
옥희「호호 아저씬 겁장이서」
선호「하하… 난 이 세상에서 엄마가 젤 무서워」
製作·監督 申相玉
崔銀姬 金振奎
사랑방손님과 어머니
次週 明宝

1961. 8. 19.

045

상록수

개봉 1961. 9. 20. 명보극장

제작·감독 신상옥
원작 심훈
출연 최은희, 신영균, 도금봉, 신성일, 허장강

- 제1회 대종상영화제 여우 주연상(최은희).
- 제9회 아시아영화제 남우 주연상(신영균), 남우 조연상(허장강).
- 제9회 샌프란시스코영화제 출품.

여기 그 옛날 전 여성을 울린 천재작가 심훈의 유작 드디어 영화화!

아름답고 줄기찬 사랑을 위해 몸부림치던 사랑의 노래!
신상옥 감독의 문예 야심작!

상록수

원작 심훈
각본 김강윤
기획 황남
촬영 배성학
조명 이계창
음악 정윤주
감독 신상옥
최은희, 도금봉, 방성자, 한은진, 정득순, 고선애, 윤일봉, 최삼, 성소민, 박철민, 조항, 박경주, 변기종, 신성일, 허장강, 신영균

신필림 작품
서울영화 배급

SHIN-FILMS SHIN-FILMS SHIN-FILMS SHIN-FILMS
申필림作品 서울映画配給
여기그옛날全女性을울린 天才作家沈熏의遺作 드디어映画化!
原作 沈熏
脚本 金剛潤
아름답고 줄기찬 사랑을 위해 몸부림치던 사랑의노래!
申相玉監督의文藝野心作!
監督 申相玉
씨네마스코-프
申榮均 許長江 申星一 卞基鍾 朴景桂 趙恒 朴哲民 成笑民 崔三峰 尹一峰 高善愛 鄭得順 韓銀珍 房誠子 都琴峰 崔銀姬
常綠樹
秋夕
全国八大都市一齊间封
서울明寶 釜山第一 大邱大一 大田大田 光州中央 仁川市民 全州吳州 原州原州
SHIN-FILMS SHIN-FILMS SHIN-FILMS SHIN-FILMS

'61. 9. 17.

현해탄은 알고 있다

개봉 1961. 11. 10. 명보극장

玄海灘은
시네마스코
製作·監督
金綺泳
韓國과日本의歷史的인運命을批判하는第一彈!
韓国文芸映画社 製作
学兵阿魯雲과日本女性秀子가玄海
를 眞執이 取扱한「玄
韓國最初의 日本問題
「話題의人物」解說
라듸오東京
役割을 할거다
알고있다」는 보다큰
掛橋로서 「玄海灘은
日本韓國을 連絡하는
東洋經濟新聞
될것이다
의 아름다운 象徵이
있다」의 秀子는 日本
映畵「玄海灘은 알고
東京新聞
援을 아끼지않는다
本로케에 全幅的인後
灘은 알고있다」의 日
라고 絶讚하는「玄海
韓國의「人間條件」이
大每新聞
批價한다
있다」의 企劃을 높이
映畵「玄海灘은 알고
을批判하는 本格的인
는日本·韓國의運命
韓國最初로 이루어지
朝日新聞
日本各新聞記事

1961. 10. 20.

제작 박원석
원작 한운사
각본·감독 김기영
촬영 최호진
출연 공미도리, 김운하, 이상사, 이예춘

●한국영상자료원 선정 한국영화 100선.

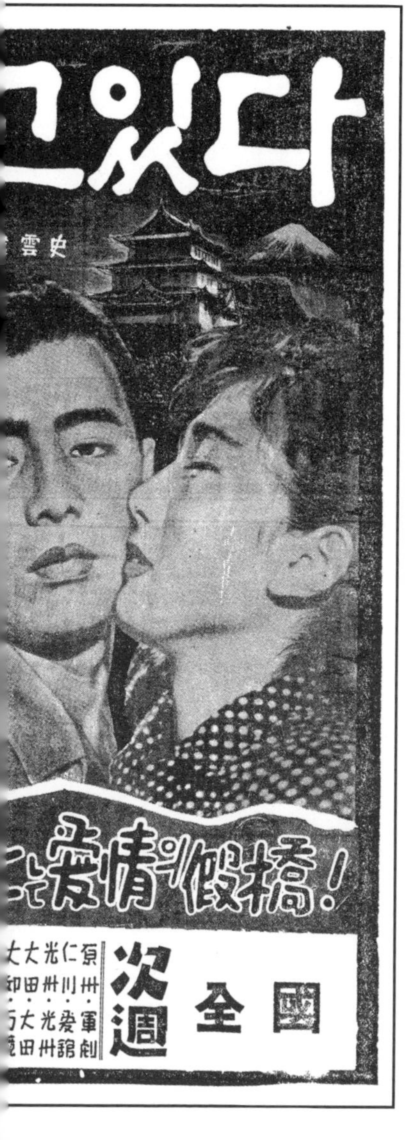

현해탄은 알고 있다

제작·감독 김기영
원작 한운사
한국문예영화사 제작

한국과 일본의 역사적인 운명을 비판하는 제1탄!

학병 아로운과 일본 여성 수자가 현해탄을 건너는 애정의 가교!

일본 각 신문기사
《조일신문》: 한국 최초로 이루어지는 일본·한국의 운명을 비판하는 본격적인 영화 〈현해탄은 알고 있다〉의 기획을 높이 비가批價한다.
《대매신문》: 한국의 《인간조건》이라고 절찬하는 〈현해탄은 알고 있다〉의 일본 로케에 전폭적인 후원을 아끼지 않는다.
《동경신문》: 영화 〈현해탄은 알고 있다〉의 수자는 일본의 아름다운 상징이 될 것이다.
《동양경제신문》: 일본·한국을 연락하는 괘교로서 〈현해탄은 알고 있다〉는 보다 큰 역할을 할 거다.
《라디오동경》: '화제의 인물' 해설. 한국 최초의 일본 문제를 진지하게 취급한 〈현해탄은 알고 있다〉는 양국의 지식층에 큰 감명을 가져올 거다.

차주
전국

047

서울의 지붕 밑

개봉 1961. 12. 15. 명보극장

제작 신상옥
감독 이형표
기획 황남
원작 조흔파
각본 김지헌
출연 김희갑, 황정순, 김승호, 김진규, 허장강, 최은희

● 한국영상자료원 선정 한국영화 100선.

최고 배역이 크리스마스 연말을 장식하는 절대 절찬의 걸작!

서울의 지붕 밑

감독 이형표
제작 신상옥
원작 조흔파
각본 김지헌
기획 황남
촬영 최수영

김승호, 허장강, 김희갑, 황정순,
도금봉, 신영균, 최은희, 김진규,
구봉서, 후라이보이, 남미리, 나정옥, 정득순,
김정옥, 고선애, 한은진, 신성일

송년 특별 프로!
전국 일제 개봉

最高配役의 크리스마스 年末을 裝飾하는 絶對絶讚의 傑作!
서울의 지붕밑
CINEMASCOPE
李亨杓 申相玉
金振奎 崔銀姬 申榮均 都琴峰
黃貞順 金喜甲 許長江 金勝鎬
申星一 韓銀珍 高善愛 金貞玉 鄭得順 羅貞玉 南美里 具鳳書
送年特別! 全国一齊開封
SHIN-FILMS SHIN-FILMS SHIN-FILMS SHIN-FILMS SHIN-FILMS

1961. 12. 2.

048

다이알 112를 돌려라

개봉 1962. 8. 9. 국제극장

감독 이만희
각본 편거영, 유한철
출연 최무룡, 문정숙, 박노식, 장동휘

미모와 유산 때문에 악당의 무리들에게 계속적으로
협박을 받아야만 하는 지성 여인의 번뇌……!
액션 스릴러 박력 초거편!

다이알 112를 돌려라

기획 강용근, 전석진
제작담당 원선
감독 이만희
각본 유한철, 편거영
촬영 서정은
음악 전정근
미술 홍성칠
조명 장기종

최무룡, 문정숙, 박노식, 장동휘, 한은진,
김칠성, 이예민, 이향자, 석운아, 이해룡, 최
박민호, 강선희, 김진, 박일

한흥영화 주식회사 작품

1962. 8. 8.

繼續的인 殺人에 被殺者를 다시 찾아 헤매는 犯人을
뒤쫓는 敏腕警察의 숨막히는 追擊…!
다이알 112를 돌려라
待望의名画
9日大開封
국제

1962. 8. 8.

8·15 특별 프로
대망의 명화

9일 대개봉
국제

美貌와 遺産때문에 惡党의 무리들에게 継続的인
脅迫을 받아야만 하는 知性女人의 煩惱…!
액숀스리라 迫力超巨篇!
8.15特別푸로
待望의名画
9日大開封
국제

049

또순이

개봉 1963. 2. 8. 아세아극장

원작 김희창
각본 유일수
기획 한규복
제작 지우성
감독 박상호
출연 도금봉, 이대엽, 최남현, 정애란, 이빈화, 장민호

●한국영상자료원 선정 한국영화 100선.

여러분 '또순이'를 아십니까?

또순이

감독 박상호
제작담당 한규복

원작 김희창
각본 유일수
촬영 유재형
조명 윤영선
미술 홍성칠
음악 김용환

도금봉, 이대엽, 최남현, 정애란, 이빈화, 장민호, 남춘역, 김정옥, 김희갑, 구봉서

세종영화 주식회사 제작

차주
아세아

여러분 "또순이..를
아십니까?

1963. 1. 29.

監督
朴商昊
MASCOPE
순이
近日全国一斉開封
釜大 大 光全仁春水清群
山邱 田 州州川川原州山
大萬中雲現中愛中市中南
映鏡都濱代央舘央民央都
世宗映画株式会社 製作
次週 아세아
作 金熙昌 脚本 劉一秀 撮影 柳載馨 照明 尹英宣 美術 洪性七 音楽 金竜煥

고려장

개봉 1963. 3. 15. 명보극장

기획 송선근, 김영철, 최룡
촬영 김덕진
조명 서병수
미술 박석인
음악 한상기
출연 김진규, 주증녀, 이예춘, 김보애, 박암

● 한국영상자료원 선정 한국영화 100선.

下女·玄海灘은알고있다의金綺泳監督의一年에한번볼수있는最高野心作!!
CINEMASCOPE
高麗葬
3.1節 特別푸로·全国一斉開封

1963. 2. 13.

〈현해탄은 알고 있다〉의 김기영 감독

공보부 아세아영화제 심사위원회
출품 당선
한국영화의 선수로 출전하는
미개봉의 예술영화!

고려장

세계 무류無類의 잔혹과 여성 숭배

한국예술영화 제작
김기영 프로덕션 작품

주증녀, 김진규, 김보애,
이예춘, 박암, 독고성, 조석근,
전옥, 전영선, 김동원, 최삼

15일 개봉
명보

1963. 3. 14.

051

돌아오지 않는 해병

개봉 1963. 4. 11. 국도극장

제작 원선
각본 장국진, 유한철, 한우정
감독 이만희
출연 장동휘, 최무룡, 구봉서, 이대엽, 전계현

- 한국영상자료원 선정 한국영화 100선.
- 제3회 대종상영화제 감독상(이만희).
- 제1회 청룡영화상 감독상(이만희).

돌아오지 않는 해병

웅대한 스케일로 이루어진 당당
3시간의 최장편!

제작비 1,500만
등장 인원 14,500명
엑스트라 연 10만 명

감독 이만희
제작 원선

장동휘, 최무룡, 이대엽,
김운하, 구봉서,
나애심, 전계현

대원영화 주식회사 작품

돌아
雄大한 스케일로 이루어진 堂堂 3時間의 最長篇!
大元映画株式會社

1963. 4. 10.

일반 공개에 앞서
10일 오후 7시 특별초대시사회 단행(1회)
단, 시사회는 초대장 지참하신 분에게 한함

연소자 입장가

11일 역사적 대개봉
국도

052

김약국의 딸들

개봉 1963. 5. 1. 국제극장

제작 차태진
원작 박경리
각본 유한철
감독 유현목
출연 이민자, 엄앵란, 최지희, 강미애, 김동원, 황정순

- 한국영상자료원 선정 한국영화 100선.
- 제3회 대종상영화제 여우 조연상(최지희).
- 제11회 아시아영화제 최우수 비극상.

1963. 4. 30.

한국영화 40년사에 빛나는
최고의 문예작!
국제영화제 출품을 목표로
극동흥업이 만춘滿春의 영화가에
던지는 현대극 사상 금자탑을
세울 문제의 야심 대작!

김약국의 딸들

제작 차태진
감독 유현목
원작 박경리
각본 유한철

이민자, 엄앵란, 최지희, 강미애, 김동원, 황정순, 박노식, 황해, 허장강, 최성호, 주선태, 최성진, 남춘역, 신성일

5월 1일 대개봉
국제

映画는極東 映画는極東 映画는極東
国映画 40年史에빛나는 最高의 文芸作!
國際映画祭出品을目標로 極東興業이 満春의 映画街에
던지는 現代劇史上 金字塔을세울 問題의 野心大作!
CINEMASCOPE
映画는極東 映画는極東 映画는極東
④6.00
⑤8.30
5月1日大開封
국제

053

혈맥

개봉 1963. 10. 2. 아카데미

원작 김영수
각본 임희재
기획 박민
감독 김수용
출연 김승호, 신영균, 최무룡,
주선태, 신성일, 최남현, 추석양

●한국영상자료원 선정 한국영화 100선.
●제3회 대종상영화제
최우수 작품상, 주연 남우상(김승호).
●제1회 청룡영화상 작품상.

1963. 9. 27.

김승호, 신영균, 최무룡, 주선태,
신성일, 최남현, 추석양, 고설봉,
이경림, 복혜숙, 김지미, 황정순,
조미령, 송미남, 이경희, 엄앵란

한양영화공사 작품

추석
아카데미

전국 50개 극장에 일제 직영 배급될 대한양의 호화찬란한 추석 프로 안내!

연극 경연 대회에서 5개 부문에 입상한 문제작 마침내 영화화!

혈맥

원작 김영수
각본 임희재
기획 박민
감독 김수용
제작 백완

054

맨발의 청춘

개봉 1964. 2. 29. 아카데미

제작 차태진
기획 마원일
각본 서윤성
감독 김기덕
출연 신성일, 엄앵란, 이예춘, 윤일봉, 장민호

● 한국영상자료원 선정 한국영화 100선.

1964. 2. 19.

사랑 앞에는 돈도 계급도 없다!

대사의 딸과 불량청년과의 열화의 사랑!
땅위에서 이룰 수 없는 사랑 천국에서 맺으리….

맨발의 청춘

제작 차태진
기획 마원일
각본 서윤성
감독 김기덕

신성일, 엄앵란, 이예춘,
윤일봉, 장민호, 변일영,
심상우, 최장호, 전계현,
주증녀, 이민자, 박재희,
김미애, 김한섭, 이민철

극동흥업 주식회사 작품

다음프로
아카데미

055

육체의 고백

개봉 1964. 6. 20. 국도극장

제작 정병준
원작 김문엽
각본·감독 조긍하
출연 황정순, 김진규, 이경희, 김혜정, 태현실

● 한국영상자료원 선정 한국영화 100선.

육체의 고백

제작 정병준
기획 김태현
감독 조긍하

이 더러운 육체를… 불살라다오!
세 딸의 출세를 위하여 시궁창에 몸을 던진
피눈물 나는 모녀의 애절편!

국제영화제 출품 예정 작품!

황정순, 이경희, 김혜정, 태현실, 남미리,
강미애, 방수일, 김희갑, 남석훈, 이상사,
김진규

동성영화공사 작품

20일 개봉
국도

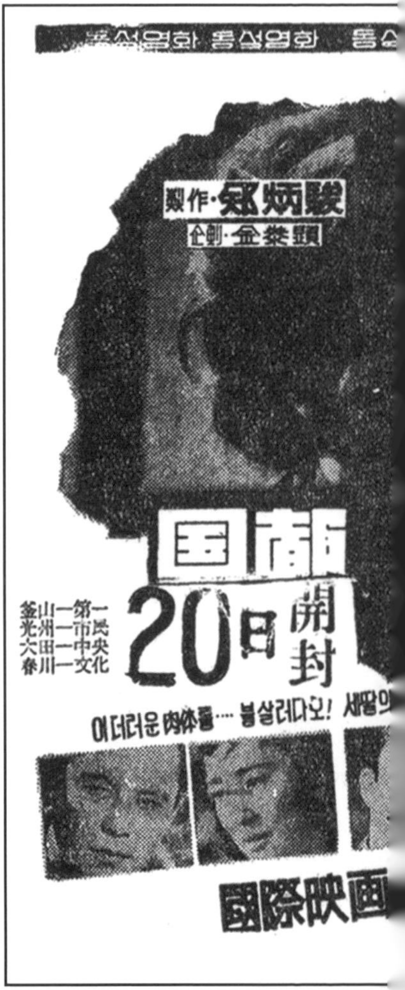

1964. 6. 18.

동성영화 동성영화 동성영화 동성영화 동성영화
동성그랜드스코프
肉体의 告白
監督·趙肯夏
시궁창에 몸을 던진 피눈물나는 母女의 哀切篇!
予定作品!
黃貞順 李璟嬉 金惠貞 太賢實 南美里 姜美愛
方壽一 金喜甲 南還黨 李上史 金振奎
東星映画公社 作品

마의 계단

개봉 1964. 7. 10. 명보극장

제작 우기동
각본 이종택
감독 이만희
출연 김진규, 문정숙, 방성자, 최남현, 유계선

● 한국영상자료원 선정 한국영화 100선.

1964. 7. 8.

나를 죽인 자 누구냐?

마의 계단

김진규, 문정숙, 방성자, 최남현, 유계선

드디어 내일 개봉!
장안 화제 제압!
널 사랑하는 날 왜 죽이느냐?
소스라치게 울부짖는!
사랑의 원혼! 삼각애정의 비극!
스릴! 서스펜스! 전율!
당당 2시간의 이색 미스터리 대작!

이만희 감독

10일 전국 동시 개봉
명보

1964. 7. 9.

057

검은 머리

개봉 1964. 7. 31. 국도극장

각본 한우정, 추남
감독 이만희
출연 문정숙, 장동휘

- 한국영상자료원 선정 한국영화 100선.
- 각본을 쓴 추남은 감독 이만희의 필명이다.

사랑했기에 모든것을 바치고도
후회치않는「밤의女人」그「검은
머리」의 女人을 둘러싸고
「피」는「피」로써「사랑」은
「사랑」으로 報答하는 가냘
픈「女人의 行路」……
人間社會의 밑바닥을 銳利
하게 파헤친 問題의 韓國的 悲
劇의「검은머리」를期待하시라!
文貞淑
張東輝
金鎭模
李晩熙
검은머리
CINEMASCOPE
①11.00
②1.25
③3.50
④6.15
⑤8.40
國都
31日歷史的開封

1964. 7. 30.

사랑했기에 모든 것을 바치고도
후회치 않는 '밤의 여인'
그 '검은 머리'의 여인을 둘러싸고
'피'는 '피'로써 '사랑'은 '사랑'으로
보답하는 가냘픈 '여인의 행로'…
인간사회의 밑바닥을 예리하게
파헤친 문제의 한국적 비극의
〈검은 머리〉를 기대하시라!

대망의 명콤비
문정숙, 장동휘

기획 담당 김진모
명화 〈돌아보지 마라〉의 거장
이만희 감독
각본 한우정, 추남

검은 머리

국제영화제 출품 예정 작품

연소자관람 절대불가

31일 역사적 개봉
국도

〈돌아오지 않는 해병〉의
거장 이만희 감독
기획담당 김진모

국제영화제 출품 예정 작품

검은 머리

장동휘, 이대엽, 김운하,
최성호, 채랑, 장혁,
문정숙, 강문, 정애란,
임선자, 한유정

사랑했기에 모든 것을
바치고도 후회치 않는
'밤의 여인'상!

검은 머리의 여인을
둘러싸고 전개되는
복수와 살인!

한국영화 주식회사 제작
각본 한우정, 추남
촬영 서정민
미술 홍성칠
조명 장기종
음악 전정근

다음프로
국도

'돌아오지않는 海兵'의
巨匠 李晩熙 監督
企劃擔當 金鎭模
國際映畵祭 出品 豫定作品
검은머리
CINEMASCOPE
사랑했기에 모든것을
바치고도 후해치않는
"밤의女人"像!
검은머리의女人을 둘러싸고
展開되는 복수와 살인!
韓國映畵株式會社 製作
다음푸로
國都

1964. 7. 17.

058

춘몽

개봉 1965. 7. 3. 명보극장

제작 우기동
감독 유현목
각본 김한일
출연 신성일, 박수정, 박암, 조희란

● 한국영상자료원 선정 한국영화 100선.

완전 이색의 예술 명작

춘몽

묻지 말고 보시라!
매혹, 도취 100% 보장!

신사에게는 도취의 클라이막스를!
숙녀에게는 경탄의 숨막힘을!

거장 유현목이 특유의 예술 터치로 영화
기능의 극한에 도전한 야심 대작!
단연 방화 사상 최고의 예술 대작!

제작 우기동
유현목 감독 작품

신성일, 박수정
500명 중에서 발탁된 신성

박암, 조희란
세기의 전속 신인

비상한 화제리
드디어 3일 개봉
명보

完全異色의藝術名作
製作 高基東
兪賢穆
監督作品
메가스코프
春夢
춘몽
申星一
朴水靜
■500名中에서拔擢된新星
朴 岸
趙希蘭
■世紀의專屬新人
非常한話題裡 드디어 3日 開封
①10·00
②11·50
③1·40
④3·30
⑤5·20
⑥7·10
⑦8·50
물지말고 보시라!
魅惑, 陶醉 100% 保障!
※紳士에게는 陶醉의 크라이막스를!
※淑女에게는 驚嘆의 숨막힘을!
1, 巨匠 兪賢穆이 特有의 藝術터치로 映畵機能의極限에 挑戰한野心大作!
당신의 마음속에도 이런 慾求가 도사리고있다!
斷然 邦畵史上最高의藝術大作!
明宝

1965. 7. 2.

059

갯마을

제작 김형근
원작 오영수
각본 신봉승
감독 김수용

개봉 1965. 11. 19. 명보극장

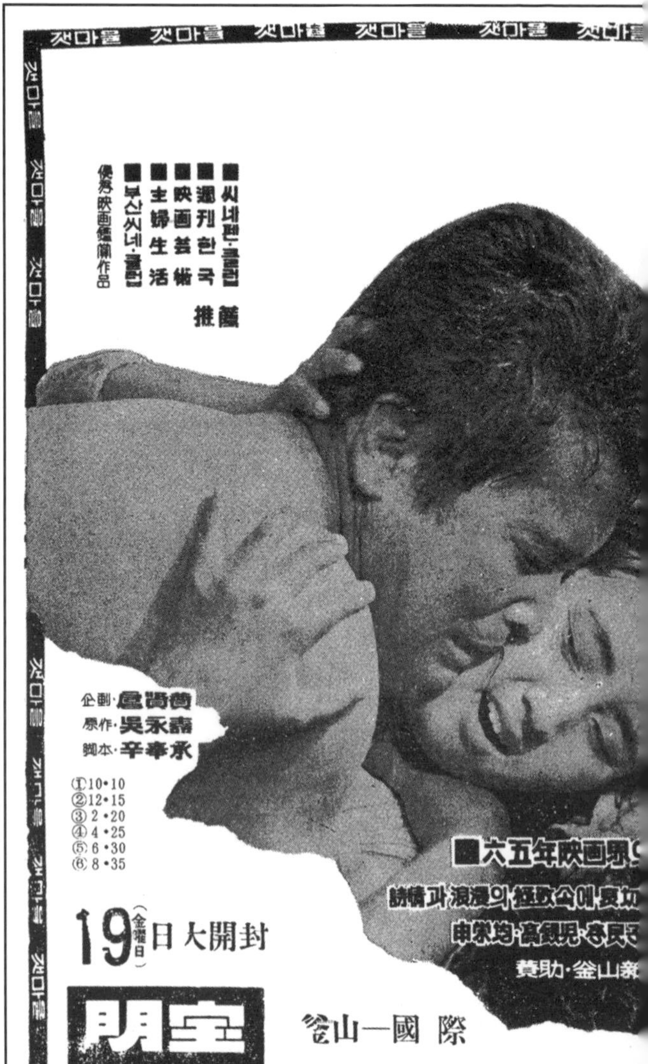

1965. 11. 18.

출연 신영균, 고은아, 이민자, 황정순, 전계현, 이낙훈

- 한국영상자료원 선정 한국영화 100선.
- 제5회 대종상영화제 작품상.
- 제2회 백상예술대상 작품상.

갯마을 갯마을 갯마을 갯마을
A級國産映画
갯마을
오직 이한篇에 韓國映畵의 水準을 걸고 全國팬과 各界의 熱熱한 期待와 激讚속에
드디어 19日大開封!
—各界의 20字試寫後評!—
★任熙宰(씨나리오作家)—韓國映畵史에 남을 秀作
★兪賢穆(映畵監督)—映畵의 本質을 잘살린 佳作
★劉漢徹(映畵評論家)—邦畵의 水準을 높혀준 收穫作
★柳景採(畵家)—密度높은 演出로 韓國固有의 아름다움을 찾은 力作
★金世中(彫刻家)—갯가 女人네들의 悲劇을 浮刻
★金南祚(女流詩人)—버려진 鄕土文學을 情感깊게 映像化함에 成功
★孫素姬(小說家)—共感을 불어 일으키는 文藝作
★趙敬姬(隨筆家)—海外에 紹介하고싶은 우리映畵
★崔貞熙(小說家)—香臭 그윽한 浪漫과 哀傷
★李英一(映畵評論家)—映畵界에 새로운 里程標를 세운 問題作
★鮮于輝(小說家)—邦畵界에 希望과 意慾을 붇돋은 逸品
★金世鍾(中央大敎授)—「사랑방손님과어머니」와 나란히 韓國映畵의 代表作으로 꼽을수 있다
★玄相悅(漢陽大敎授)—新人高銀兒의「스타」誕生作品 韓國映畵의 頂上이다
李哲範(文學評論家)—文藝映畵의 可能性을 보내준
金洙容
를 노리 珠玉의本格映画!
의 宿命에 사는 女人네들의 本能을 描破!
金貞玉·全玉
CINEMASCOPE
女性文藝映画
大洋映畵作品

A급 국산영화

갯마을

오직 이 한 편에 한국영화의 수준을 걸고
전국 팬과 각계의 열렬한 기대와 격찬 속에
드디어 19일 대개봉!

각계의 20자 시사 후 평
임희재(시나리오 작가) – 한국영화사에 남을 수작
유현목(영화감독) – 영화의 본질을 잘 살린 가작
유한철(영화평론가) – 방화의 수준을 높여준 수확작
유경채(화가) – 밀도 높은 연출로 한국 고유의 아름다움을 찾은 역작
김세중(조각가) – 갯가 여인네들의 비극을 부각
김남조(여류 시인) – 버려진 향토문학을 정감 깊게 영상화함에 성공
손소희(소설가) – 공감을 불러일으키는 문예작
조경희(수필가) – 해외에 소개하고 싶은 우리 영화
최정희(소설가) – 향취 그윽한 낭만과 애상
이영일(영화평론가) – 영화계에 새로운 이정표를 세운 문제작
선우휘(소설가) – 방화계에 희망과 의욕을 북돋은 일품
김세옥(중앙대 교수) – 〈사랑방손님과 어머니〉와 나란히 한국영화의 대표작으로 꼽을 수 있다.
현상열(한양대 교수) – 신인 고은아의 스타 탄생 작품, 한국영화의 정상이다.
이철범(문학평론가) – 문예영화의 가능성을 보내준 수작이다.

특별 유료 전야제 개최!
금 18일 오후 8시(1회한)

《씨네팬클럽》, 《주간한국》, 《영화예술》, 《주부생활》, 《부산씨네클럽》 추천
우수영화 감상 작품

65년 영화계의 그랑프리를 노린 주옥의 본격 영화!
시정과 낭만의 극치 속에 애절한 사랑! 바다의 숙명에 사는 여인네들의 본능을
묘파描破!

기획 호현찬
원작 오영수
각본 신봉승

신영균, 고은아, 이민자, 황정순, 전계현, 이낙훈, 김진옥, 전옥, 조용수
찬조 부산 신인 다수

대양영화 작품

19일(금요일) 대개봉
명보

060

비무장지대

개봉 1965. 12. 9. 아카데미

감독 박상호
원작 변하영
원안 최성복
각본 주동운
출연 조미령, 남궁원, 주민아

● 한국영상자료원 선정 한국영화 100선.

원작 변하영
원안 최성복
각본 주동운

추천
《주간한국》, 《영화예술》, 《씨네팬클럽》
우수 영화 감상 작품

이것은 거짓이 아니다!
이것은 사실이다
모정을 찾아 휴전선을 넘어온 전쟁고아의
피어린 실화!
지뢰가 무수히 깔려 있는 위험한 지대!
야수처럼 나동그라진 탱크의 잔해!
하늘에 드리운 채 녹슬어 있는 야포!
전쟁 중 유기된 피아의 대소 무기!
주인 잃은 폐허! 파괴된 가재!
…전쟁고아는 그 속에서 무엇을 느꼈던가?
한국의 비극 〈비무장지대〉
155마일 휴전선 현지 결사 촬영!

DMZ
SEMI-DOCUMENTARY
DMZ(휴전선) 현지 촬영
영문자막판

한국의 비극

비무장지대

감독 박상호
총지휘 김용환

주민아(6세), 이영관(9세)
특별출연 조미령, 남궁원, 김희갑

제일영화사 작품

개봉박두
아카데미

비무장지대 비무장지대
推薦
★週刊한국
★映畫藝術
★씨네맨·클럽
優秀映畫
鑑賞作品
原作·邊夏榮 原案·崔成福 脚本·朱東雲
★★이것은 거짓이 아니다!
이것은 事實이다
母情을 찾아 休戰線을 넘어온
戰爭고아의 피어린 實話!
◇地雷가 無數히 깔려있는 危險한 地帶!
◇野獸처럼 나동그라진 탱크의 殘骸!
◇하늘에 두리운채 녹슬어있는 野砲!
◇戰爭中 遺棄된 彼我의 大小武器!
◇主人잃은 廢墟! 破壞된 家財!
…戰爭孤兒는 그속에서 무엇을 느꼈던가?
☆韓國의 悲劇『非武裝地帶』
☆一五五마일 休戰線現地 決死撮影!
DMZ
SEMI-DOCUMENTARY
DMZ(休戰線)現地撮影
英文字幕版
非武裝地帶
韓國의 悲劇
監督
朴商昊
総指揮
金龍煥
朱敏植(6歲)·李榮寬(9歲)
<特別出演> 田美鈴·南宮遠·金喜甲
開封迫頭
아카데미
크리스마스特別푸로
釜山 국제
第一映畫社 作品

1965. 12. 6.

061

초우

개봉 1966. 6. 10. 아카데미

각본 나한봉
제작 차태진
감독 정진우
출연 신성일, 문희, 트위스트김, 양훈

- **한국영상자료원 선정 한국영화 100선.**
- **제10회 샌프란시스코영화제 출품.**

젊은 여성의 아리따운 연애상을 부각한
아름다운 사랑의 수채화!!

밤은 지금부터 나 혼자뿐인데
그대를 보내기엔 아직 일러요.
눈물 어린 수정 같은 그 눈동자
무엇을 뜻하는지 나는 알고 있어.
헤어지기 싫은 우리들이기에
비를 맞으며 한없이 걷고만 싶어.

극동흥업 작품

제작 차태진
감독 정진우
각본 나한봉
신성일, 문희, 트위스트김

초우

박춘석의 '주제가'
패티김의 노래한 달콤한 사랑의 '히트송'

애인과 함께 꼭 보실 사랑의 명화 〈초우〉를
기대하십시오!

다음프로
아카데미

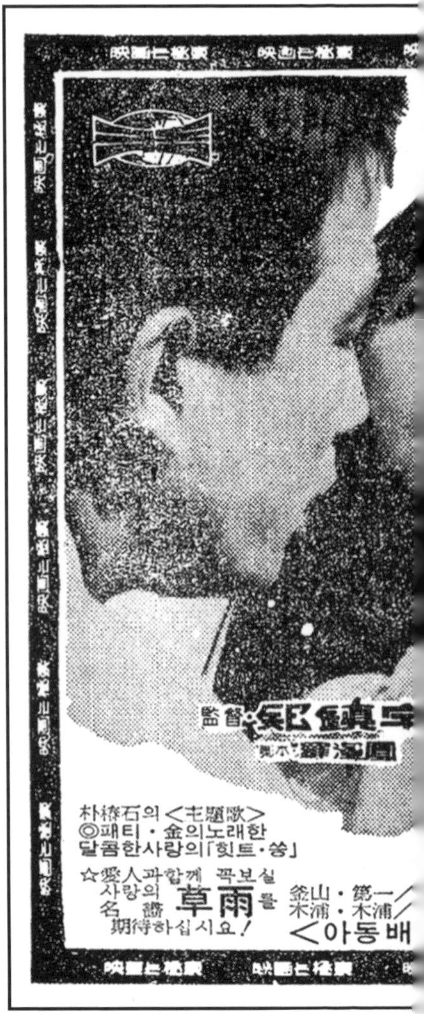

朴椿石의 <主題歌>
◎패티・金의노래한
달콤한사랑의「힛트・쏭」
☆愛人과함께 꼭보실
사랑의 名畵 草雨를 期待하십시요!
釜山・第一/
木浦・木浦/
<아동배

1966. 6. 7.

映画는極東
性의 아릿다운
象을 浮刻한
아름다운사랑의 水彩畵!!
밤은 지금부터 나혼자 뿐인데
그대를 보내기엔 아직 일러요
눈물어린 수정같은 그 눈동자
무엇을 뜻하는지 나는 알고 있어
헤어지기 싫은 우리들이기에
비를 맞으며 한없이 걷고만 싶어
極東興業 作品
製作·
申星一·文姬 트위스트金
雨
다음 푸로
아카데미
/大田·新都/光州·現代/全州·全州
/仁川·愛館/春川·文化
6월21일마감/극동아카데미/㉘1745·1489

062

물레방아

개봉 1966. 11. 10. 명보극장

원작 나도향
각본 백결
감독 이만희
출연 신영균, 고은아, 허장강, 정애란

● 한국영상자료원 선정 한국영화 100선.

보시라! 한국영화의 도약!
외화 팬도 갈채를 보내는
세계 수준의 방화 탄생!

명장과 2대 스타 심혈 쏟아 펼치는
사랑과 성 본능의 향기 짙은 원색!

본능의 소용돌이에 휘말려…
말 잃은 너의 가녀린 숨결!
이 세상 모든 것을 빼앗겨도…
너만은 빼앗기지 않으련다!
오직 한 사람을 향해
절규하는 사나이의 혈애!

10일 대망의 개봉

세기촬영소 창립 3주년 기념 특작

한국영화사를 결산한 문예영화의 최고봉!

물레방아

근대 문학의 개척자 나도향 원작
감독 이만희
제작 우기동
기획 조규진

신영균, 고은아, 최남현, 허장강, 조항,
정애란, 변기종, 전옥, 심상우, 염혜숙

세기상사 주식회사 제작

《주간한국》 최우수 영화 선정 작품
영화예술지 우수 영화 감상 추천
전국 대학 씨네클럽 우수 영화 감상 추천

전국 8대 도시 종단 동시 개봉!
명보

全國 8 大都市縱斷同時開封!
부산 第一 大邱 大邱 仁川 키네마
光州 現代 馬山 市民 全州 코리아
大田 新都
明寶
製作 高基東
待望의 10日開封
世紀撮影所創立三周年紀念特作
보시라! 韓國映畵의 跳躍!
外畵팬도 喝采를 보내는 世界水準의 邦畵誕生!
名匠과 2大스타 心血쏟아 펼치는
사랑과 性本能의 香氣짙은 原色!
本能의 소용돌이에 휘말려…
너의 가너린 숨결!
이세상 모든것을 빼앗겨도…
너만은 빼앗기지 않으련다!
오직 한 사랑을 向해 絶叫하는 사나이의 血愛!
協贊
國立國樂院農樂部
韓國映畵史를 決算한 文芸映畵의 最高峯!
물레방아
近代文学의 開拓者 羅稻香 原作
監督 李晩熙
申榮均
高銀兒
許長江
趙恒
全玉
世紀商事株式会社 製作
週刊한국·最優秀映画選定作品
映画芸術誌·優秀映画鑑賞推薦
全國大學씨네클럽·優秀映画鑑賞推薦

1966. 11. 9.

063

산불

개봉 1967. 4. 22. 명보극장

원작 차범석
각본 신봉승
감독 김수용
출연 신영균, 도금봉, 주증녀, 황정순, 한은진

- 한국영상자료원 선정 한국영화 100선.
- 제5회 청룡영화상 작품상.
- 제17회 베를린영화제 출품.
- 차범석의 동명 희곡을 영화화한 작품.

극단 '산하' 공연 작품

산불

제작 김태수
기획 김인기, 안승준

신영균, 주증녀, 도금봉
촬영 홍동혁
조명 손영철
미술 이봉선
음악 정윤주

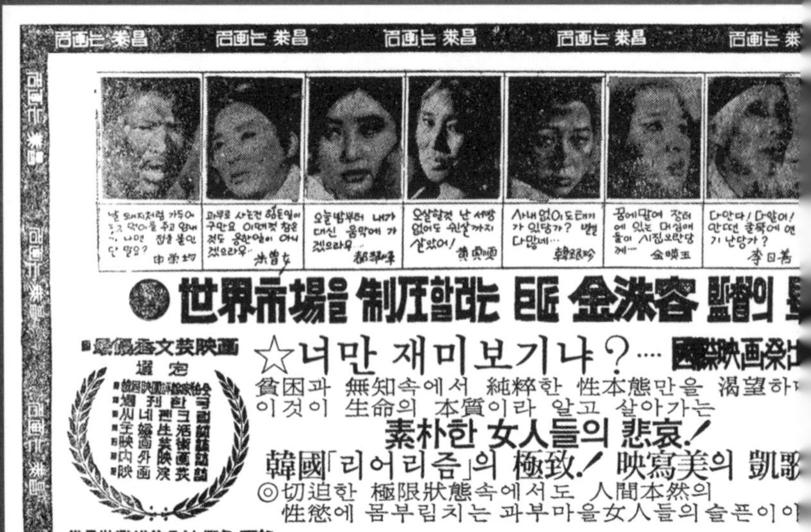

企画는 泰昌
오늘밤부터 내가 대신 움막에 가겠으라우…
오살할것 난 서방 없어도 쉬살까지 살았어!
사내없이도 때기가 있당가? 별별 다많네…
꿈에말여 장터에 있는 머심애들이 시집오란당께…
다안다! 다알어! 안떄년 굴뚝에 연기 난당가?
世界市場을 制压할려는 巨匠 金洙容 監督의
☆너만 재미보기냐?…
國際映画祭出
貧困과 無知속에서 純粹한 性本態만을 渴望하
이것이 生命의 本質이라 알고 살아가는
素朴한 女人들의 悲哀!
韓國「리어리즘」의 極致! 映寫美의 凱歌
◎切迫한 極限狀態속에서도 人間本然의
性慾에 몸부림치는 과부마을女人들의 슬픈이야
泰昌興業株式会社 製作·配給

1967. 4. 19.

날 돼지처럼 가두어 놓고 먹이를 주고 암내가 나면 접을 붙인단 말요? – 신영균
과부로 사는 건 힘든 일이구만요. 이때껏 참은 것도 용한 일이 아니겠으라우… – 주증녀
오늘 밤부터 내가 대신 움막에 가겠으라우… – 도금봉
오살할 것. 난 서방 없어도 쉰 살까지 살았어! – 황정순
사내 없이도 태기가 있당가? 별일 다 많네. – 한은진
꿈에 말여 장터에 있는 머슴애들이 시집 오란당께… – 김영옥
다 안다! 다 알어! 안 땐 굴뚝에 연기 난당가? – 이일선
꽝주나 갈래두 엄니 땜에 할 수 없지러! – 안인숙
서방 안 잡아가는 전쟁은 없당가? – 전영주
옷감은 안 사고 워짠 시집 갈 부탁은 많단가! – 김정옥

세계 시장을 제압하려는 거장 김수용 감독의 필생의 역작!
너만 재미 보기냐? … 국제영화제 출품 예정 작품!!
빈곤과 무지 속에서 순수한 성본능만을 갈망하며,
이것이 생명의 본질이라 알고 살아가는
소박한 여인들의 비애!

한국 '리얼리즘'의 극치! 영사미의 개가!
절박한 극한 상태 속에서도 인간 본연의
성욕에 몸부림치는 과부마을 여인들의 슬픈 이야기…

최우수 문예영화 선정
한국영화평론가협회
《주간한국》
《씨네팬클럽》
《주부생활》지
《영화예술》지
《내외영화》지
《영화연예》지

태창흥업 주식회사
제작·배급

다음프로
명보

귀로

개봉 1967. 7. 27. 명보극장

각본 백결
제작 우기동
감독 이만희
출연 김진규, 문정숙, 전계현, 김정철

- **한국영상자료원 선정 한국영화 100선.**
- **제6회 대종상영화제 작품상.**

한국영화의 전위 작가 이만희 감독이
〈만추〉에 이어 또다시 창조한 사랑의 포에지!

싱가포르영화제 출품 예정작

귀로

이만희 프로덕션 창립 기념 작품

기획 조규진
각본 백결
감독 이만희
문정숙, 김진규, 김정철(신인), 전계현

1967. 7. 26.

대화가 없어도 좋다
사랑하지 않는다 해도
필요한 건 필요한 건!

추천
《주간한국》, 《주부생활》 최우수 영화

명화의 전당 '명보극장'이 또다시
보내드리는 대망의 명작

명 27일 대개봉
명보

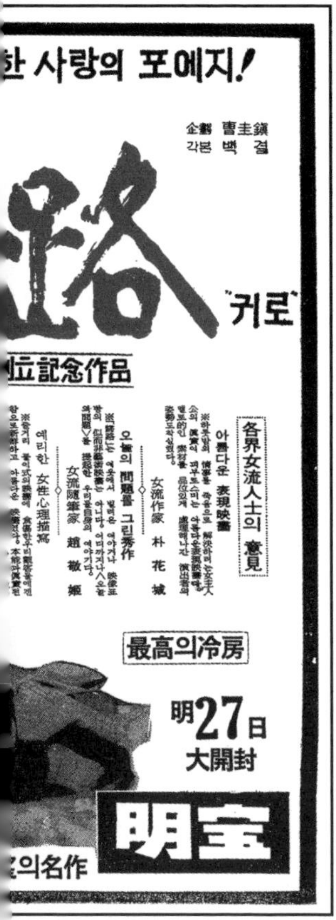

각계 여류 인사의 의견
"아름다운 표현영화"
하룻밤의 정사를 죽음으로 해결하려는 여주인공의 진실이 피부로 스미는 아름다운 표현영화다. 멜로적인 소재를 품위 있게 처리해 나간 연출자의 자세도 착실했다.
– 여류 작가 박화성

"오늘의 문제를 그린 수작"
〈귀로〉는 이웃에서 빌려온 이야기나 영상 표방의 사이비 예술영화는 아니다. 어디까지나 '오늘의 문제'를 제기한 우리들 자신의 이야기다. – 여류 수필가 조경희

"예리한 여성 심리 묘사"
줄거리 풀이식의 영화에 식상한 우리 관객들에겐 참으로 신선하고 아름다운 영화였다. 본능과 진실된 사랑의 기로에서 방황하는 중년여성의 심리를 연출자는 매섭도록 예리하게 파헤쳤다. – 새나라요리학원원장 왕준련

"문정숙 분위기의 연기"
주인공 문정숙 씨는 이 영화를 흔히 찾아볼 수 없는 대담하고 섬세한 연기를 보여 주었다. '동작의 연기'가 아니라 '분위기의 연기'를 능란히 창조했다. – 디자이너 박문자

"차원 높은 여성 영화"
연출 부재의 비관론에 도전한 차원 높은 여성 영화다.
이 같은 영화가 계속된다면 관객에게 버림받는 고아가 되지 않아도 될 것이다. 화면의 무드를 한층 부드럽게 한 음악도 좋았다. – 여류 작가 구혜영

"영상의 메시지"
아직도 후진성에서 탈피하지 못한 우리 영화계에 이렇게 의욕적인 영화가 나왔다는 것은 매우 고무적인 일이다.
〈만추〉에 이어 제시한 또 하나의 영상의 메시지라 믿고 싶다. – 여류 극작가 김자림

"밀도 있는 연출"
사랑의 진실을 체험하지 못한 사람에겐 자칫 관념적이기 쉬운 테마를 밀도 있는 연출로 형상한 A급 여성물.
돌발적인 느낌을 주는 나레이션의 설정 등 다소 불안감도 없지 않으나 양화임에 틀림없다. – 여류 작가 손장순

065 안개

개봉 1967. 10. 19. 아카데미

원작·각본 김승옥
감독 김수용
출연 신성일, 윤정희, 이빈화, 이낙훈

- **한국영상자료원 선정 한국영화 100선.**
- **제15회 아시아태평양영화제 감독상(김수용).**
- **제6회 대종상영화제 감독상(김수용).**
- **김승옥의 소설 《무진기행》을 영화화한 작품.**

금년도 아시아영화제 최우수 감독상 수상 작품

THE FOGGY TOWN
안개

주제곡·주제가 이봉조
정훈희의 〈안개〉

《주간한국》, 《주부생활》
최우수 영화 선정 작품

기획 황혜미
제작 김태수

신성일의 새 얼굴 발견
윤정희의 눈부신 연기

1967. 10. 17.

안개 낀 그 갯가에 벌어진 이 아픈 24시간의 정사여!
한국영화가 여기까지 왔다

거장 김수용 감독 예술의 대표작
동인문학상에 빛나는 김승옥 원작·각본

명 19일 돌연 대개봉
아카데미

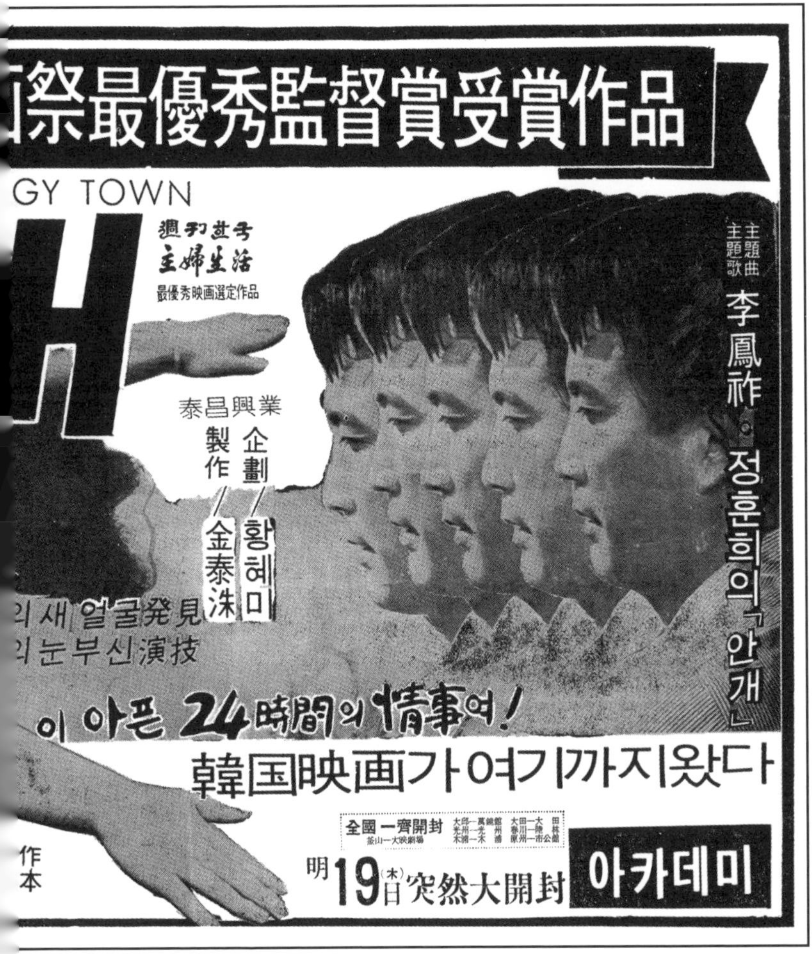

천하장사 임꺽정

개봉 1968. 2. 8. 동아극장

제작 황의식
각본 신봉승
감독 이규웅
출연 신영균, 박노식, 윤정희, 태현실

立体映画
天下壯士
우리生涯 最初로
製作 完成된 立體映畵!
◎製作期間…2個年◎ 總製作費…5千萬원◎
우리映畵技術陣의 劃期的인
特殊撮影의 凱歌!
留意
觀覽中에 스크린에서 모든物體가 客席으로
튀어나오며 槍 화살 칼等이 날아와 손님눈
에나 몸에 꽂이는 衝擊을 받아 놀라는 場面
이 있아오니 留意해주시기 바랍니다
여러분의 殿堂인「東亞劇場」이 자랑스럽게
戊申新春에 내놓는 韓國最初의 立體映畵
<釜山—大映劇場>에서
壓倒的 興行新記錄을
樹立코 上映中!
靑燈 紅燈
絶讚上映中
다음푸로
東亞

1968. 2. 5.

세계적으로 한국에서 최초로 성공한
3D·입체영화 마침내 일반 공개!

우리 생애 최초로 제작·완성된 입체영화!

제작 기간 물경 2개 성상
총 제작비 5천만 원
한국의 과학, 광학 및 기계, 기술진이
총동원되어 5개년간 연구한 결과 세계적으로
완전 발명한 특수촬영의 성공!
입체용 단식기, 입체용 단식 영사기,
입체용 특수 프린터기를 사용하여 완전 외국
입체영화를 능가하는 우리 기술진의 획기적인
특수촬영의 개가!
'초스케일!, 초로망! 초스펙타클 초대거작'

유의: 관람 중에 스크린에서 모든 물체가
객석으로 튀어나오며 창, 화살, 칼 등이 날아와
손님 눈에나 몸에 꽂히는 충격을 받아 놀라게
하는 장면이 있사오니 유의해 주시기 바랍니다.

여러분의 전당인 '동아극장'이 자랑스럽게 무신
신춘에 내놓는 한국 최초의 입체영화 〈임꺽정〉

입체영화
천하장사 임꺽정

기획 김완식, 조천석
거장 이규웅 감독
신영균, 박노식, 윤정희, 태현실,
이예춘, 김운하, 김순철, 도금봉

특수입체영화 기술제공 장석준
원작 조흔파
각본 신봉승

제일영화 주식회사 작품

화제 비상리 드디어 8일(목요일) 대공개
동아

世界的으로 韓國에서 最初로 成功한〈3D·立体映画〉遂! 一般公開!
話題 非常裡 드디어 8日(木曜日) 大公開
東亞
우리生涯 最初로 製作完成된 立體映畵!
◇製作期間…勿驚 2個星霜 ◇總製作費…5千萬원
韓國의科學, 光學및 機械, 技術陣이 總動員되여 5個年間
研究한結果 世界的으로 完全發明한 特殊撮影의 成功!
◇立體用單式機, 立體用單式映寫機, 立體用特殊프린타機를 使用하여 完全外國
立體映畵를 凌駕하는 우리技術陣의 劃期的인 特殊撮影의 凱歌!
〈超스켈! 超로망! 超스펙타클超大巨作〉
留 意
觀覽中에 스크린에서 모든 物體가 客席으로 튀어 나오며
槍, 화살, 칼等이 날아와 손님눈에나 몸에꽂이는 衝擊을받
아놀라게하는 場面이 있아오니 留意해주시기 바랍니다
여러분의 殿堂인『東亞劇場』이 자랑스럽게
戊申新春에 내놓는 韓國最初의 立體映畵『林巨正』
67年度大鐘賞, 韓國演劇, 映畵藝術賞에서 色彩技術賞(撮影賞)獲得者 張錫俊技士總指揮
①11·00 ②1·00
③ 3·00 ④5·00
⑤ 7·00 ⑥9·00
〈釜山-大映劇場〉에서 壓到的
興行新記錄을樹立코上映中
大田-中央
光州-現代
近日開封
立体映画
申榮均 朴魯植 尹靜姬 太貴實 李芸春 金雲夏 金淳哲 都琴奉
企劃 金完植 趙天石
巨匠 李圭雄 監督
總天然色
CINEMASCOPE
特殊立体映画技術提供
張錫俊
天下壯士
林巨正
原作·趙欣坡 脚本 辛奉承
第一映画株式会社 作品

8. 2. 7.

카인의 후예

개봉 1968. 6. 1. 명보극장

원작 황순원
각본 이상현
감독 유현목
출연 김진규,
박노식, 문희,
최봉

● 제6회
청룡영화상
감독상(유현목).
● 제7회
대종상영화제
여우 주연상(문희).

인류 최초의 살인자 카인

카인의 후예

전 매스컴, 학계, 예술인
일반 지식층을 망라한
커다란 찬사에 감사합니다.
폭발적 인기리에 전국 일제 대만원 상영중!

자유문학상 수상 작품!

1968. 6. 4.

거장 유현목 감독
원작 황순원
각본 이상현

김진규, 장동휘, 정민,
최봉, 문희, 박노식

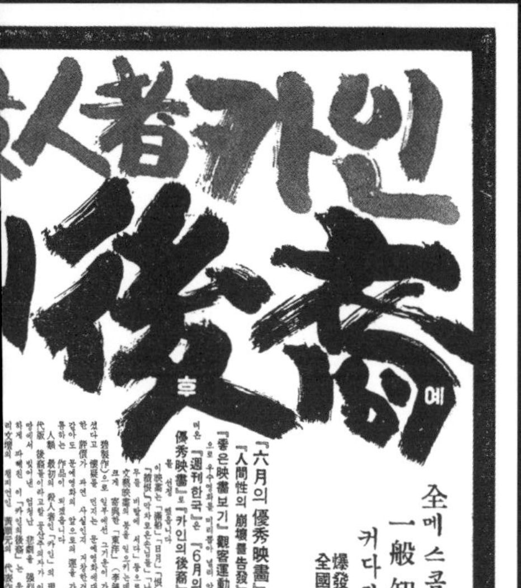

人者카인
後裔
후 예
『六月의 優秀映畵』
『人間性의 崩壞를 告發』
『좋은映畵보기』觀客運動
全메스콤·學界·藝術人
一般知職層을 網羅한
커다란 讚辭에 感謝합니다
爆發的人氣裡에
全國一齊大滿員
上映中!
韓国映画(株)製作 東洋映画興業 作品
明宝
-中央 光州-中央 全州·코리아

總天然色
CinemaScope
왜
一人類最初의 殺人者카인!
여기 그「후예」가 저지른 또하나의 慘劇이 있다!
悖倫의 城을 쌓고
죽음을 强要하고
사랑을 沒收하려
하는가?…왜…왜…
오늘 31日(金曜) 前夜祭斷行!
6月 1日〈土〉大開封에 앞서
◉1回… 午後 6時30分
◉2回… 午後 9時
金振奎
文姬
朴魯植
張東輝
鄭珉
崔峰
各界의 熱望裡…
堂堂
6月1日<土>
大公開!
巨匠 俞賢穆 監督
自由文学賞 受賞作品!
原作·黃順元
脚本·李相鉉
카인의 後裔
(추천·週刊한국)
◉外畵「팬」待望의 名畵中名畵
韓国映画(株)製作 東洋映画興業 作品
明宝

1968. 5. 31.

068

미워도 다시 한번

개봉 1968. 7. 20. 국도극장

각본 이성재
감독 정소영
출연 신영균, 문희, 김정훈

●한국영상자료원 선정 한국영화 100선.
●이 영화의 흥행 성공을 바탕으로, 정소영 감독은 〈미워도 다시 한번 속편〉, 〈미워도 다시 한번 제3편〉, 〈미워도 다시 한번 대완결편〉을 제작, 상영했으며, 최종적으로 〈미워도 다시 한번 2002〉까지 연출하였다.

大完結篇
미워도 다시한번
鄭素影監督
엄청난 話題 話題!
國都

1971년 2월 5일자 《동아일보》에 실린 〈미워도 다시 한번 대완결편〉 광

賢明한 觀客은 開封前에
21日 大開封에 앞서
20日 特別有料 大前夜祭!
이번엔 또…. 몇10万이냐?
續 미워도 다시한번
鄭素影監督作品
21日大開封
國都

1969년 3월 20일자 《동아일보》에 실린 〈미워도 다시 한번 속편〉 광고.

第3篇이 完成되자 와! 이 3千萬의 歡呼!
鄭素影監督
話題의 名畫
제3편
미워도 다시한번
新正特選

1969년 12월 27일자 《동아일보》에 실린 〈미워도 한번 제3편〉 광고.

세계인에 호소하는
순애와 희생의 시가!

안개처럼 당신의
가슴 속에 스며들
사랑의 속삭임…
'미워도 다시 한번'!
여인의 가장 깊은 곳…
여인의 가장 약한 곳…
여인의 가장 얕은 곳…
그 표리와 진폭의 척도!

미워도 다시 한번

제작 김형근
기획 유춘호, 한갑진
원작·각본 이성재

촬영 안창복
조명 이기섭
음악 김용환
미술 이문현

정소영 감독 작품
신영균, 문희, 전계현,
박암, 이충범, 김정옥,
아역 김정훈

대양영화 주식회사 작품

당당 20일(토요) 개봉
국도

世界人에 呼訴하는
殉愛와 犧牲의 詩歌!
鄭素影監督作品
申榮均/文姬/全桂賢
총천연색
<시네마스코프>
안개처럼 당신의
가슴속에 스며들
사랑의 속삭임…
『미워도 다시한번』!
女人의 가장 깊은곳…
女人의 가장 弱한곳…
女人의 가장 얕은곳…
그表裏와 振幅의 尺度!
堂堂 20日開封 《土曜》
CinemaScope
미워도
다시한번
大洋映画株式会社 作品

1968. 7. 18.

069

장군의 수염

개봉 1968. 9. 14. 명보극장

원작 이어령
각본 김승옥
감독 이성구
출연 신성일, 윤정희, 김승호

- 한국영상자료원 선정 한국영화 100선.
- 제7회 대종상영화제 제작상, 각본상.
- 제5회 백상예술대상 작품상, 감독상(이성구).

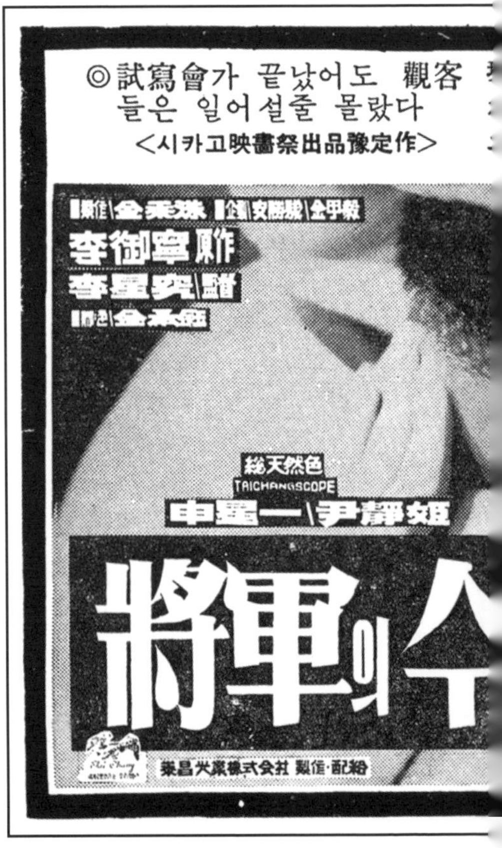

1968. 9. 13.

시사회가 끝났어도 관객들은 일어설 줄 몰랐다.
'시카고영화제 출품 예정작'

현대인은 사랑을 해도 외로운 것인가…?
가을바람처럼 가슴 속에 젖어드는 도시인의
페이소스…
그는 정말 혼자서 눈을 감는 하나의
낙엽이었던가?

장군의 수염

제작 김태수
기획 안승준, 김갑의

이어령 원작
이성구 감독
각색 김승옥

신성일, 윤정희

태창흥업 주식회사 제작·배급

14일 개봉
명보

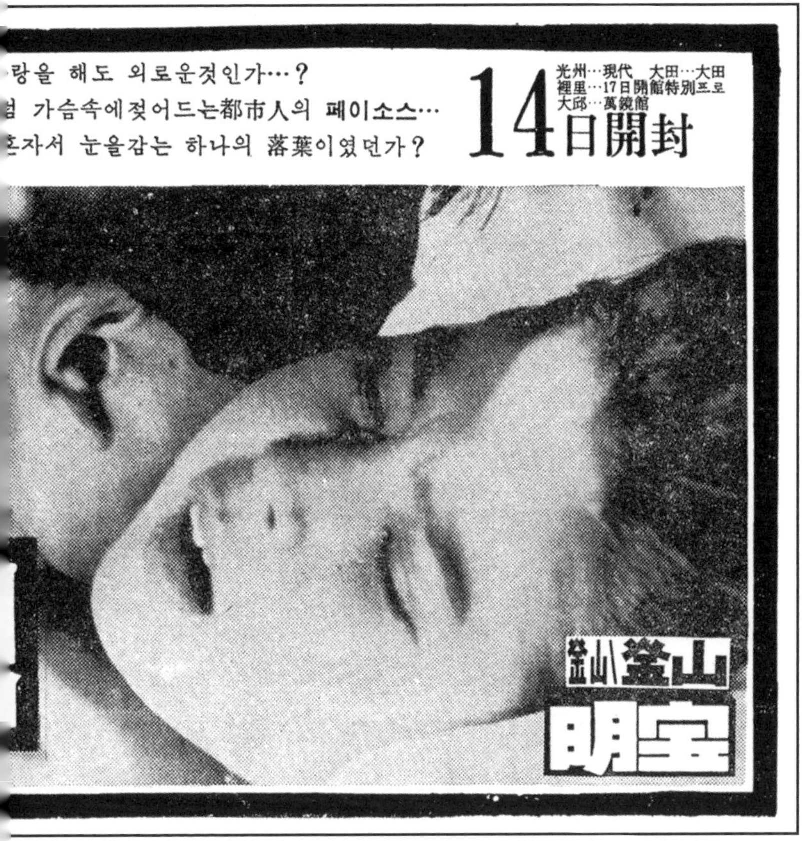

랑을 해도 외로운것인가…?
가슴속에젖어드는都市人의 페이소스…
자서 눈을감는 하나의 落葉이였던가?
14日開封
光州…現代 大田…大田
裡里…17日開館特別프로
大邱…萬鏡館
釜山
明寶

070

천년호

개봉 1969. 3. 8. 명보극장

각본 곽일로
감독 신상옥
출연 신영균, 김지수, 김혜정

● 한국영상자료원 선정 한국영화 100선.

千年…
人間未踏의 素材를 征服…
申相玉 監督의
千年狐
總天然色 SHINSCOPE
*嫉妬——
그속의 愛憎!
申相玉의 名畵가
그리운 옛故鄕 明寶에 컴백!
*各界各層의 注視裡
堂堂 8日<土曜>大開封
世界市場에 進出합니다
申榮均·金惠貞·金芝秀
明寶

1969. 3. 6.

천년… 인간 미답의
소재를 정복…

신상옥 감독의
천년호

질투– 그 속의 애증!
신상옥의 명화가 그리운
옛 고향 명보에 컴백!

각계각층의 주시리
당당 8일(토요) 대개봉

서울개봉이 끝나면…
세계 시장에
진출합니다.

신필림 작품

각본 곽일로
제작담당 김한극
신영균, 김혜정,
김지수(신필림 전속)

명보

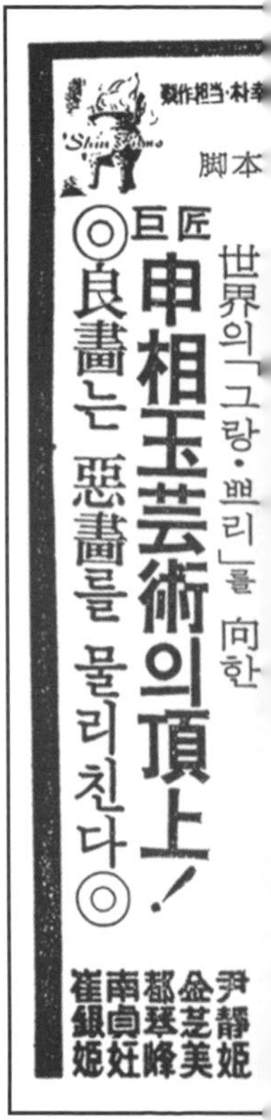

脚本
世界의「그랑·쁘리」를 向한
巨匠 申相玉藝術의 頂上!
◎良畵는 惡畵를 물리친다◎
尹靜姬 金芝美 都琴峰 南貞妊 崔銀姬

1969. 2. 13.

감독 신상옥 명연출이 어떤 것인가를
보여주는…

중요 도시 구정 대개봉!

천년호

이조여인 잔혹사

세계의 그랑프리를 향한 거장 신상옥
예술의 정상
'양화는 악화를 물리친다'

촬영 개시

제작담당 박행철
각본 이상한

신영균, 김혜정,
김지수(신필림 전속)

최은희, 남정임, 도금봉,
김지미, 윤정희

구정 프로
3월 중순 개봉
명보

071

독짓는 늙은이

개봉 1970. 3. 4. 국제극장

원작 황순원
각본 신봉승
감독 최하원
출연 황해, 윤정희, 남궁원, 김희라

- 한국영상자료원 선정 한국영화 100선.
- 제7회 청룡영화상 감독상, 최우수 작품상.
- 제6회 백상예술대상 남자 최우수 연기상(황해), 여자 최우수 연기상(윤정희).

1970. 3. 14.

독짓는 늙은이

전 세계가 보낸 이 갈채!
69년도 12월 인도영화제
최우수 특별상 수상 작품
동 영화제 여우 주연
최고인기상 수상(윤정희)
동 영화제 최우수 남우 주연상
후보(황해)
70년도 아카데미영화제
출품(한국 대표)
한국연극영화상(한국일보
주최) 주연 남우상,
주연 여우상 수상
인도 각 일간지 휴먼드라마의
민감한 명화라고 최대의 열찬

테헤란 국제영화제 최고금상
수상작 〈수학여행〉의 명문
동양영화흥업이 드리는 신춘
대망의 명화 드디어 국내
개봉!

황순원 원작
최하원 감독
제작 이종벽
기획 김승업

각색 여수중, 신봉승
윤정희, 황해, 남궁원,
허장강, 김희라, 최봉,
김정훈(아역)

4일 역사적 공개
국제

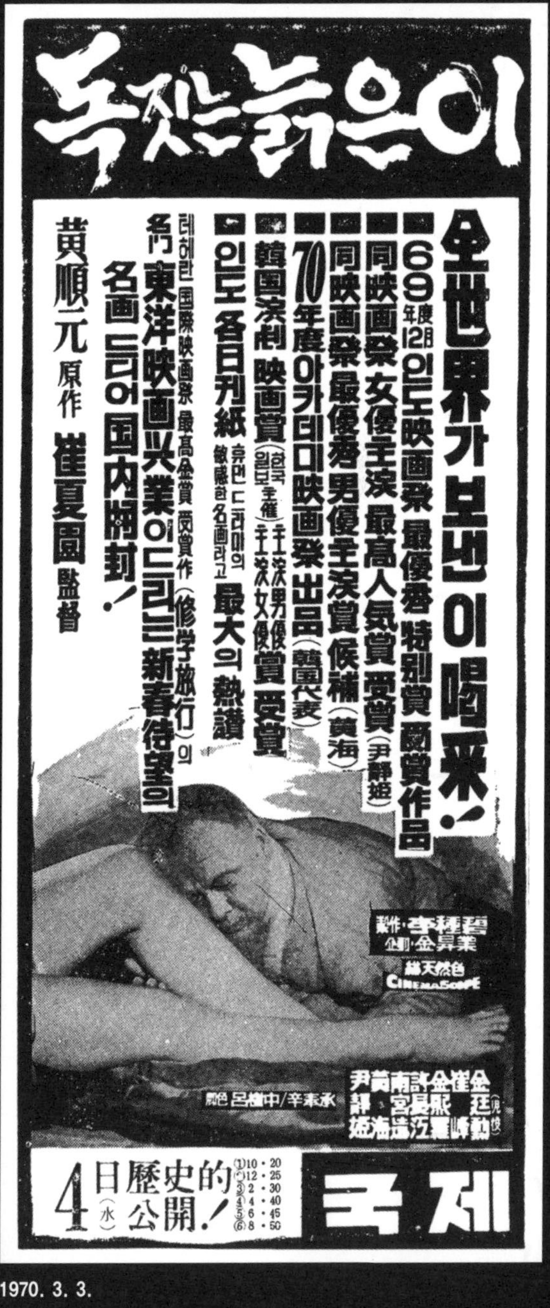

1970. 3. 3.

072

화녀

개봉 1971. 4. 1. 국제극장

감독·각본 김기영
출연 남궁원, 윤여정, 전계현, 최무룡

- **한국영상자료원 선정 한국영화 100선.**
- **제8회 청룡영화상 감독상(김기영), 여우 주연상(윤여정).**
- **제24회 칸국제영화제 출품.**
- **제24회 로카르노영화제 출품.**

드디어 〈화녀〉 선풍이 휩쓸다! 잔혹한 성의 세계!

성의 지식이 가득히…
음향 SEX MODE
색감적 성감대
정서적 혼외정사
충격적 삼각관계

SEX·MODE란?
여자는 돈과 힘에는 강하게 반발 또는 저항하나
'핑크 무드'에는 약합니다.
'무드'에는 무너집니다.
성적 '무드'에 빠지고 싶다고 유혹됩니다.
왜냐구요?
이 '무드'를 아는 완전한 남자가 과연 몇 명이나
있을까요…….

'나비'는 정조대를 채운다.
수컷 '나비'는 먼저 우화*해서 암컷 '나비'가 우화하자 즉시 교미하고 나면 암컷 '나비'의 배란관을 점액으로 막는다. 이 점액은 '시멘트' 모양 굳어져 차후론 수컷 '나비'와의 접촉을 불가능하게 만든다.
수컷 '나비'는 이렇게 해서 암컷 '나비'에 정조대를 채운다. 암컷 '나비'는 일생을 수절하게 되지만 수컷 '나비'는 또다시 다른 여성을 찾아 화려하게 난다.

* 번데기가 날개 있는 성충이 됨.

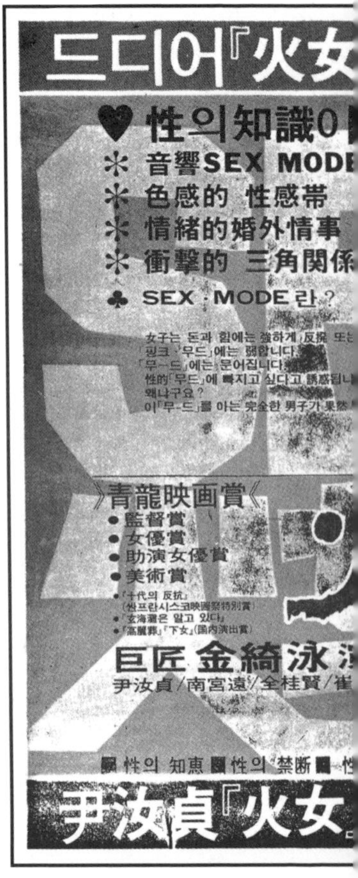

1971. 3. 30.

화녀

'청룡영화상'
감독상, 여우상, 조연여우상,
미술상(〈십대의 반항〉(샌프란시스코영화제 특별상), 〈현해탄은 알고 있다〉, 〈고려장〉, 〈하녀〉(국내연출상))

거장 김기영 연출
윤여정, 남궁원, 전계현, 최무룡, 김주미혜

성의 지혜, 성의 금단, 성의 향연,
성의 정류장, 성의 교통사고

윤여정 〈화녀〉로 조선일보 청룡 여우 주연상 획득!

우진필림 작품

4월 1일 개봉
국제

風이 휩쓸다!殘酷한 性의世界!
※『나비』는 貞操帶를 채운다
雄「나비」는 먼저 羽化해서 雌「나비」가 羽化하자 同時 交尾하고나면 雌「나비」의 排卵管을 粘液으로 막는다. 이 粘液은 「시멘트」모양 굳어져 以後론 雄「나비」와의 接觸을 不可能하게 만든다.
雄「나비」는 이렇게 해서 雌「나비」에 貞操帶를 채운다. 雌「나비」는 一生을 守節하게 되지만 雄「나비」는 또다시 다른 女性을 찾어 徘徊하게 나른다.
4月1日開封
국제
宇進필림作品
停留場 性의 交通事故
鮮日報 青龍映画女優主演賞獲得!

073

화분

개봉 1972. 4. 7. 국도극장

원작 이효석
감독·각본 하길종
출연 남궁원, 최지희, 하명중, 여운계

- 한국영상자료원 선정 한국영화 100선.
- 하길종 감독 데뷔작.
- 이효석 장편소설 《화분》을 영화화한 작품.

이효석 원작의

화분(꽃가루)

하길종 감독 귀국 작품

화제의 문제작
드디어 일반 공개

노을이 무너지는 바다 저 끝에
청춘을 묻고 온
젊은이의 끝없는 고행-!

당신은 영화관을 나설 때
당신의 불타버린
재를 볼 것이다.

李孝石原作의
花粉
〈꽃가루〉
칼라作品
CINEMASCOPE
※이 衝擊的 새映畵를 새世代의 知性들은 이렇게보았다※
◇다이나미즘、체제에의 도전、粘液質的인 魔性、<花粉>은 이 세마디로 요약된다。
<花粉>은 한국영화에 새 시대를 열어줄것이다。
<詩人 金芝河>
◇이영화처럼 테마가 분명하고 메시지가있는 영화를 난 아직 邦畵史上 본적이없다
<花粉>은 큰 충격을 안겨주는 作品이다
<評論家 任重彬>
◇이영화는 우리의 거울이다。이영화에서 우리는 우리자신의 映像을 만날것이다。
<作家 金承鈺>
◇아름다운 겨울해변의 영상、음침한 푸른집의 실체들을 차갑게 파고드는 연출가의 예지。
<실험극장대표 金義鄕>
◇映畵<花粉>은 영화예술의 聖域을 보여준다。
즉 영화만이 보여줄수있는 직접적인 치열함과
전률을 이映畵는 가지고있다。
<詩人 鄭玄宗>
■撮影 劉永吉/照明 金廷/音樂 申重鉉
大洋映畵(株)作品

1972. 4. 4.

이 충격적 새 영화를 새 세대의 지성들은 이렇게 보았다

다이나미즘, 체제에의 도전, 점액질적인 마성, 〈화분〉은 이 세 마디로 요약된다. 〈화분〉은 한국영화에 새 시대를 열어줄 것이다.
– 시인 김지하
이 영화처럼 테마가 분명하고 메시지가 있는 영화를 난 아직 방화사상 본 적이 없다. 〈화분?은 큰 충격을 안겨주는 작품이다.
– 평론가 임중빈
이 영화는 우리의 거울이다. 이 영화에서 우리는 우리 자신의 영상을 만날 것이다. – 작가 김승옥
아름다운 겨울 해변의 영상, 음침한 푸른 집의 실체들을 차갑게 파고드는 연출가의 예지. – 실험극장 대표 김의향
영화 〈화분〉은 영화예술의 성역을 보여준다. 즉 영화만이 보여줄 수 있는 직접적인 치열함과 전율을 이 영화는 가지고 있다.
– 시인 정현종

촬영 유영길
조명 김연
음악 신중현
대양영화(주) 작품

하명중, 남궁원,
최지희, 윤소라,
여운계

7일(금) 대개봉
국도

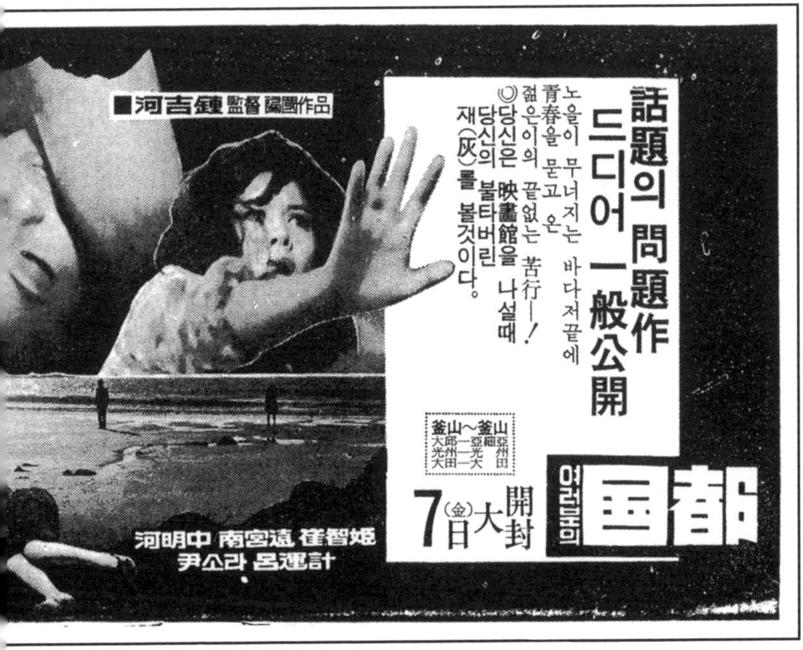
■河吉鍾 監督
話題의 問題作
드디어 一般公開
노을이 무너지는 바다저끝에
青春을 묻고 온
젊은이의 끝없는 苦行—!
◎당신은 映畵館을 나설때
당신의 불타버린
재(灰)를 볼것이다。
7日(金) 大開封
여러분의 國都
河明中 南宮遠 崔智姬
尹소라 呂運計

074

별들의 고향

개봉 1974. 4. 26. 국도극장

원작 최인호
각본 이희우
감독 이장호
출연 안인숙, 신성일, 윤일봉, 백일섭

- **한국영상자료원 선정 한국영화 100선.**
- **제24회 베를린영화제 출품.**
- **1978년에는 하길종 감독이 〈속 별들의 고향〉을, 1981년에는 이경태 감독이 〈제3부 별들의 고향〉을 발표하였다.**

11月16日
그날이 바로 내일입니다-오늘
이 역사적 개봉을 기념하는 전야제가 있읍니다.
續 별들의故鄕
우리 영화수준을 비끌만 합니다.
전야제 단행!
그래,
나는 생각했다.
첫 눈이 오기전에
그 사랑을 해치우자고…
崔仁浩 作品 河吉鍾 監督 宋昌植 音楽 鄭一成 撮影 張美姬/申星一
미성년자관람불가
드디어 開封 明宝
〈국력배양〉

1978년 11월 15일자 《동아일보》에 실린 영화 〈속 별들의 고향〉 광고.

그때-, 그 감동-,
드디어 피빛 낙엽 색깔로
새로이 우리에게 오고 있다.
●이 가을에
다시 돌아온
작은 妖精
〈경아〉와의 再会
제3부
별들의故鄕
제3부는
〈女子의
欲望〉을…
*나 그대에게 모두 드리리
오늘밤 문득 드릴말 있네…
12日 開封
아세아

1981년 9월 10일자 《동아일보》에 실린 영화 〈제3부 별들의 고향〉 광고.

제작 박종찬
기획 이은봉, 김재웅

화제의 인기 작가
원작 최인호

별들의 고향

짧은 인생을 멋있게 불태운 당신
연인…… '경아'!!
첫 번째 남자…사춘기의 순정을
그리고 인생의 첫 아픔을 알았다
두 번째 남자…더블 스트레이트
괴로움을, 그리고 비애를 맛보았
세 번째 남자…완숙한 숙녀로서
사랑의 유희를, 그리고 눈물을
보이지 않았다.
네 번째 남자…인생의 즐거움을
사랑의 환희를, 그리고 사랑의
진리를 알았다.

1세기에 한 번 있는 인기 원작!
영화 반세기에 처음 있는 화제 도
쾌재-베를린영화제 출품 확정!!
드디어 개봉일 결정되자 폭풍 전
같은 적막!!
'절대 성인 영화'

신예 이장호 감독
《동아일보》 인기
DJ 이장희 주제음악

안인숙, 신성일
백일섭, 윤일봉, 하용수

원작 최인호 특별출연

특별전야제(유료시사회 단행)
25일(목)

26일 대공개
국도

■짧은 人生을 멋있게 불태운 당신의 戀人……〈경아〉!!
★첫번째 男子…思春期의 純情을— 그리고 人生의 첫아픔을 알았다。
★두번째 男子…더블·스트레이트의 피로움을— 그리고 悲哀를 맛보았다。
★세번째 男子…完熟한 淑女로서 사랑의 遊戲를— 그리고 눈물을 보이지 않았다。
★네번째 男子…人生의 즐거움을 사랑의 歡喜를— 그리고 사랑의 眞理를 알았다。
별들의 故鄕
●話題의 人氣作家 ＊原作 崔仁浩
▲一世紀에 한번 있는 人氣原作!
▲映畵半世紀에 처음 있는 話題名畵!
快哉—베르린映畵祭出品確定!!
◎드디어 開封日 決定되자—
颱風前夜같은 寂寞!!〈絶對成人映畵〉
＊新鋭 李長鎬 監督
＊D.J. 이장희 音樂
總天然色 CINEMASCOPE
特別前夜祭
(有料試寫會斷行)
25日(木) 1回—午後 6時30分 2回—午後 8時50分
26日 大公開
安仁淑/申星一
白一燮/尹一峰/河龍水
＊原作 崔仁浩 特別出演
여러분의 國都

1974. 4. 24.

075

영자의 전성시대

개봉 1975. 2. 11. 국도극장

원작 조선작
각본 김승옥
감독 김호선
출연 송재호, 염복순, 최불암, 도금봉

- 한국영상자료원 선정 한국영화 100선.
- 조선작의 동명 소설을 영화화한 작품.

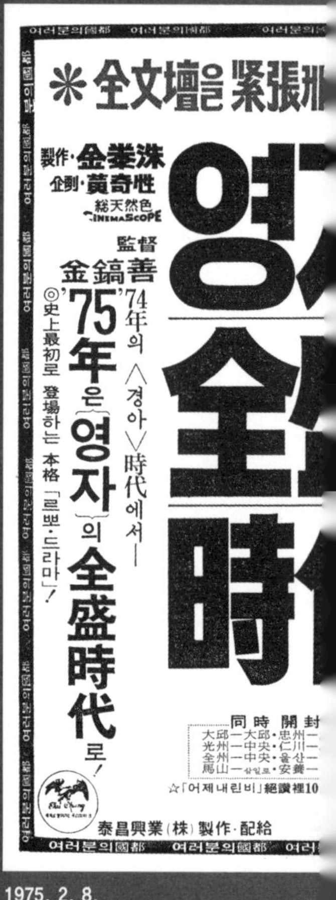

1975. 2. 8.

전 문단을 긴장케 한 '조선작'의 문제소설!
충격적 영상의 우수에 찬 현장 영화!!

영자의 전성시대

《문학사상》 우수 문예영화 선정 작품!
열아홉 예쁜 나이 '영자' 너에게
누가. 무엇이. 왜.

흡연의 고독을-
한잔 술의 슬픔을- 가르쳐 주었을까
책임 없이 '영자'를 사랑하고
책임 없이 '영자'를 버린 우리들
여기 성심의 사과를 보낸다.

100만인의 심금을 울릴…
영자의 '꿈'!
영자의 '의지'!
영자의 '사랑'!

74년의 '경아' 시대에서-
75년은 '영자'의 전성시대로!
사상 최초로 등장하는 본격 '르뽀 드라마'!

제작 김태수
기획 황기성
감독 김호선
원작 조선작
각본 김승옥
염복순, 송재호, 이순재, 최불암, 도금봉, 윤영

태창흥업(주) 제작·배급

2일 11일(구정) 대개봉
구정 특선 프로
국도

여러분의國都
作』의问題小説! 衝重的映像의 憂愁에 찬 現場映画!!
『文学思想』優秀文芸映画 選定作品!
열아홉 예쁜나이 『영자』 너에게
누가。
무엇이。
왜。
吸煙의 孤独을—
한잔술의 슬픔을—가르처 주었을까
책임없이 『영자』를 사랑하고
책임없이 『영자』를 버린 우리들
여기 誠心의 謝過를 보낸다。
100萬人의 心琴을 울릴…
영자의 「꿈」!
영자의 「意志」!
영자의 「사랑」!
2月11(舊正)日 大開封
旧正特選프로
原作·趙善作 脚本·金承鈺
廉福順/宋在浩/李純才/崔佛岩/都琴峰/尹榮
여러분의國都

076 삼포 가는 길

개봉 1975. 5. 23. 국도극장

원작 황석영
각본 유동훈
감독 이만희
출연 김진규, 문숙, 백일섭, 김기범

- **한국영상자료원 선정 한국영화 100선.**
- **제14회 대종상영화제 감독상(이만희).**
- **이만희 감독의 유작.**

《문학사상》 최우수 창작 추천 작품!
현대영화 비평가그룹 선정 우수작!
《주부생활》 추천 최우수 영화!
베를린영화제 출품 결정작!

주전자 운전 3년에
욕설과 유행가와
설움만 남은 여자 '백화'
그녀는 왜
삼포로 가는가

불세출의 연출가
이만희 감독 작품

삼포 가는 길

제작 주동진
기획 최춘지
문숙, 백일섭, 김진규

미성년자 입장 불가

오늘(23일) 대개봉
국도

1975. 5. 23.

11·00 ② 1·00 ③ 3·00
5·00 ⑤ 7·00 ⑥ 9·00
《文學思想》最優秀創作推薦作品!
現代映画批評家그룹選定優秀作!
《主婦生活》推薦最優秀映画!
伯林映画祭出品決定作!
企劃 崔春芝
淑 一 文
燮 振 白
奎 金
料金 400원 균일
<기금별도>

李晩熙監督作品
주전자 운전 3년에
욕설과
유행가와
설움만 남은 여자
「百花」—
그 녀는 왜 삼포로 가는가
伯林映画祭出品決定作!
森浦 가는길
23日大公開

1975. 5. 21.

077

바보들의 행진

개봉 1975. 5. 31. 국도극장

원작·각본 최인호
감독 하길종
출연 윤문섭, 하재영, 이영옥, 김영숙

● 한국영상자료원 선정 한국영화 100선.
● 최인호의 신문 연재 소설 《바보들의 행진》을 영화화한 작품.

〈별들의 고향〉의 인기 작가 최인호 원작·각색

바보들의 행진

우리들의 친구 '병태'와 '영자'가 왔다!!

〈별들의 고향〉의 트리오
화천공사 제작
최인호 원작
강근식 음악
송창식 주제곡

젊은이에 의해
젊은이가 만든
젊은이의 새 영화!
이 싱그러운 새 얼굴들을 보라!

천재적 요설과 패러독스
탁월한 유머의 매스로 젊은 세대의 꿈과 사랑을 그린
'콩트·퍼레이드'!

6월의 녹음처럼 신선한 청춘 명편!

제작 박종찬
기획 이은봉, 김재웅

총력안보와 국론통일만이
비상시국 타개의 길이다!

31일 대개봉에 앞서…
'특별 유료 시사회'
호화 대전야제!!
30일 하오 8시
6시 30분 개장

여러분의國都 여러분의國都 여러분의國都
＊「별들의고향」의트
貨泉公社 製作
崔仁浩 原作
姜根植 音樂
宋昌植 主題曲
젊은이에 의해
젊은이가 만든
젊은이의 새 영화!
이 싱그러운 새얼굴들을 보라.
天才的 요설과 〝패러독스〟―
卓越한 〝유어머〟의 매스로 젊은
世代의 꿈과 사랑을 그린
〝콩트·퍼레이드〟!
6月의 綠陰처럼
新鮮한 青春名篇.
製作 朴宗璨
總力安保와 國論統一만이
非常時局打開의 길이다.

1975. 5. 29.

사랑과 낭만…
'병태와 영자'의 불타는 4계절!
인기 절정!

미성년자 관람 불가

뉴-시네마의 기수
하길종 감독 작품

주식회사 화천공사 제작

전국을 누비는 물의와 갈채 속에
5월 31일(토) 대공개
국도

여러분의國都
●우리들의 친구「병태」와
「영자」가 왔다!!
◎31日 大開封에 앞서…
<特別有料試寫會>
豪華大前夜祭!!
30日下午8時 6時30分 개장
「森浦가는길」은30日3回(4時10分始映)限終映
前夜祭全收入金을 防衛誠金으로 바칩니다。
◈사랑과 浪漫…
<병태와 영자>의
불타는 4季節!
人氣絶頂!
☆<未成年者 觀覽不可>
부산 : 第一극장
光州 : 광주극장
인천 : 인천극장
현대극장
수원 : 로얄극장
♣「별들의고향」의인기작가 崔仁浩 原作·脚色
♣뉴·씨네마의旗手
河吉鍾
監督作品
株式會社 華泉公社 製作
◉全國을 누비는 物議와 喝彩속에…
5月31日(土) 大公開
①10·40 ②1·10 ③3·40 ④6·10 ⑤8·40
料金 400원균일 <기금별도>
여러분의 國都

078

로보트 태권V

개봉 1976. 7. 24. 대한극장, 세기극장

제작 유현목
각본 지상학
감독 김청기

● 1976년에 제2탄 〈우주작전〉, 1977년 제3탄 〈수중특공대〉, 1978년 〈로보트 태권V와 황금날개의 대결〉, 1982년 〈수퍼태권V〉, 1984년 〈84 태권V〉가 발표되었다.

또·나왔다! 제2탄
로보트태권V
한국이 자랑하고
세계가 놀라는
우리 만화영화!
● 감독 김청기
로보트태권V
우주작전
겨울 방학
겨울방학 어린이들의 신나는 선물!
이번에는…
중앙극장에서
〈금명공개〉

로보트 태권V 2탄 〈우주작전〉의 1976년 12월 9일자 광고.

또·나왔다! 기다렸다!
● 만화영화에 선풍을 몰고온 로보트태권V
● 누가 뭐래도 우리는 역시태권V!
● 숨을 죽이고…손에 땀을 쥐게하는 스릴!
● 즐거운 여름은 태권V와 함께….
전국 어린이들이 열광하는 주제가!
로보트태권V
제3탄
수중특공대
어린이 갈채리 두극장 상영
▲오전 9시부터 계속입장▲
세기 극장
시민회관 별관
구·국회의사당

로보트 태권V 3탄 〈수중특공대〉의 1977년 7월 21일자 광고.

● 여기는 '태권V!' '황금날
바벨탑 을 사수하라!
바벨탑 을 사수하라! 오-버
제작 박상호
기획 김상호
각본 조항리
● 신난다 우리모두 함께보자

로보트 태권V 4탄 〈로보트 태권V와 황금날개의 대결〉의 1978년 7월 25일자 광고.

•몸도 튼튼
마음도 튼튼
•다 함께 노래하고 박수치고…
•어린이에게 꿈과 모험,
그리고 지혜의 샘을
•엄마 아빠에겐
동심의 세계를!
•착하고 슬기로운 어린이에게
이한편의 선물을!
★오래 기다리셨지요!
마침내 내일 26일
기대속에 대공개!
◎요금 600원 (기금포함)
▼국민학생 관람가
부산 동명
대구 아세아
광주 현대
마산 3·15
인천 미림동방
부평 대한
청주 중앙
대전 신도
★"날아라 원더공주"는 7월말 대한극장에서 상영!
세종문화공사제작/ 서울동화작품
세종 문화회관 별관

어린이들에게 꿈과 지혜를…
건전한 모험심과 호기심을 불러일으킬
통쾌무비한 "로보트태권V〈브이〉"
●우리 모두 함께 보자!
우리영화〈로보트 태권 브이〉
아빠 엄마가 어린이에게줄
여름방학선물!
제작 유현목
각본 지상학
기획 김일환
総天然色
VISTAVISION
로보트태권 V 브이
●감독 김청기
●전국어린이들이 열광할
만화영화 로보트태권V!
●800만 어린이들의 여름방학선물!
열광적인
화제속에
드디어 개봉박두
유프로덕숀제작·배급
대한 서울 세기
진주 제일 전주 전주 인천 중앙·인천
대구 아세아 대전 신도 공주 중앙 강릉 시민관
全國一濟 同時開封

1976. 7. 20.

079

고교 얄개

개봉 1977. 1. 29. 국도극장

원작 조흔파
각본 윤삼육
감독 석래명
출연 이승현, 진유영, 강주희, 김정훈, 하명중

●한국영상자료원 선정 한국영화 100선.
●후속편 〈얄개 행진곡〉, 〈여고 얄개〉를 같은 해인 1977년에 발표했다.

고교 얄개

백만 부 돌파 인기 소설
조흔파 원작 《얄개전》 영화화!

여드름 짜며 수염이 돋으면서
'얄개'는 더욱 '활개'를 친다.

선생님은 어제의 얄개!!
너와 나는 오늘의 얄개!!
동생들은 내일의 얄개!!

1977년 8월 17일자 《동아일보》에 실린 〈얄개 행진곡〉 광고.

1977년 12월 7일자 《동아일보》에 실린 〈여고 얄개〉 광고.

연방영화 주 제작 배급
百萬部突破 人氣小說
趙欣坡原作 〈얄개전〉 映画化!
■여드름 짜며 ■수염이 돋으면서
(얄개)는 더욱 (활개)를 친다
●선생님은 어제의 ●너와나는 오늘의 ●동생들은 내일의
얄개!!
다 같이〈얄개〉行進曲에
■발맞추어 마음껏 웃어봅시다!
■여드름 텃수염의 宿題를 (얄개)와 함께 풀어보자
老人들도 즐겨볼
10代의 映畵!
★朝鮮日報
장난의 천재 얄개가 벌이는 感動의 드라마 오늘의 高校生들을 차분히 다룬 佳作.
★주간한국
처음부터 끝까지 웃음을 참을 수 없는 건강한 영화
〈국민학생관람불가〉
高校얄개
①11·30 ④6·15
② 1·45 ⑤8·30
③ 4·00
중고생·일반 균일 420원
(기금포함)
제작 최춘지
기획 임은두
감독 석래명
원작 조흔파 각본 윤삼육
칼라作品
CINEMASCOPE
이승현/김정훈/진유영
강주희/정윤희/한은진/하명중
마침내 29日(土) 大開封
국도

7. 1. 28.

다 같이 '얄개' 행진곡에
발맞추어 마음껏 웃어봅시다!

여드름 턱수염의 숙제를
'얄개'와 함께 풀어보자.
노인들도 즐겨볼 10대의 영화!

《조선일보》
장난의 천재 얄개가 벌이는
감동의 드라마.
오늘의 고교생들을 차분히
다룬 가작.

《주간한국》
처음부터 끝까지 웃음을 참을
수 없는 건강한 영화.

국민학생 관람 불가

제작 최춘지
기획 임은두
감독 석래명
원작 조흔파
각본 윤삼육

촬영 정일성
조명 손영철
음악 최창권

이승현, 김정훈, 진유영
강주희, 정윤희, 한은진,
하명중, 김민규, 문미봉,
곽건, 김웅
특별출연 리 삐토리오,
현이, 현이와 덕이

연방영화(주) 제작·배급

마침내 29일(토) 대개봉
국도

080

겨울 여자

개봉 1977. 9. 27. 단성사

원작 조해일
각본 김승옥
감독 김호선
출연 장미희, 신성일, 김추련

- 한국영상자료원 선정 한국영화 100선.
- 제14회 백상예술대상 감독상(김호선).
- 1983년에 〈겨울 여자 2부〉를 발표했다.

누구에게나 속해 있으면서 또 아무한테도 속해있지 않은 女子…
아직 어떤 男子도 그녀를 가둘 곳을 짓지 못했다!!
외롭게 방황하는 모든 男子들을 自己人生 한 가운데로 끌어들이는 첨단의 女子, 伊花—
당신이 마음으로만 생각하고 실현시키지 못하는 또하나의 자신을 대변해주는 행동의 女子, 伊花—
용기는 아름다운것 그리고 그녀는 무한한 용기를 갖고있다!
그해 겨울— 홀연히 우리 곁을 떠난 이화, 성숙한 사랑의 화신이 되어 지금 돌아 온다!!
혈관 속에 피대신 사랑이 흐른다!
深夜劇場
原作 趙海一 / 監督 金鎬善
2部
겨울女子
당신의 愛情觀을 뿌리째 흔들어 놓는다!
朴宣姬
金秋棟
방화사상 최고의 흥행기록 〈서울개봉59万〉을 수립한 바로 그 영화, 「겨울女子」— 그 두번째 이야기
그때 그 감동을 고스란히 살렸읍니다
19 土日 開封
●1회限●
1.500원
2.000원
연소자관람不可
①11:00
②1:25
③3:50
④6:20
⑤8:45
명보극장
274-2121/2122/2123

1983년 3월 18일자 《동아일보》에 실린 〈겨울 여자 2부〉 광고.

製作 朴宗瓚
企劃 李殷鳳 黃奇性
마침내 開封宣言!
'77 下半期 韓国文化界를
떠들석 하게할 問題의 作品!!
*鬼才들의 合唱
원작 趙海一
각본 金承鈺
연출 金鎬善
総天然色 CinemaScope
겨울女子
●이화는 누구에게나 속해있고…
또…「이화」는
아무에게도 속해있지 않다!
*張美姬/申星一/金秋鍊/申光一 *宋在鎬/朴元淑
★수10편의 外畵를 마다하고 名門—
團成社는 왜 이邦畵를 特選했을까?
온 知性의 耳目集中!
★紅一點 女性名畵
<미성년자 관람 불가>
내일 秋夕날 公開!
①10·30 ③3·30 ⑤8·30
②1·00 ④6·00
株式會社 華天公社 製作
團成社

'77. 9. 26.

제작 박종찬
기획 이은봉, 황기성

마침내 개봉 선언!
'77 하반기
한국문화계를
떠들썩하게 할
문제의 작품!!

귀재들의 합창
원작 조해일
각본 김승옥
연출 김호선

겨울 여자

이화는 누구에게나
속해 있고…
또… '이화'는
아무에게도 속해
있지 않다!

장미희, 신성일,
김추련, 신광일,
송재호, 박원숙

수십 편의 외화를
마다하고 명문
단성사는 왜 이
방화를 특선했을까?
온 지성의 이목
집중!

홍일점 여성 명화
미성년자 관람 불가

주식회사 화천공사
제작

내일 추석날 공개!
단성사

080

바람 불어 좋은 날

개봉 1980. 11. 27. 명보극장

원작 최일남
각본 이장호
감독 이장호
출연 이영호, 안성기, 김성찬, 임예진, 김보연, 유지인

- 한국영상자료원 선정 한국영화 100선.
- 최일남의 소설 《우리들의 넝쿨》을 영화화한 작품.
- 제9회 대종상영화제 감독상(이장호).
- 제7회 백상예술대상 대상, 작품상.

당신과 만나고 온 이 뜨거운
바람은
오늘 당신의 비밀을 알고 있다…

바람 불어 좋은 날

자신에게 새로운 생일을 달라고
외치는 이 골치 아픈 젊은이

이장호 각색 감독 작품
귀향 첫 연출 영화!!

어느 날, 바람이 불던 어느 날
나는 다시 태어나고 싶었다.
오늘 이 땅의 외화 팬과 당당히
겨루고 싶은 영화!!

장호형 커피 한잔 사게!!
전화문의 쇄도!!

동아수출공사 작품
미성년자 관람 불가

26일 전야제
27일 개봉!!
명보극장

자신에게 새로운 生日을 달라고
외치는 이 골치아픈 젊은이
李長鎬 각색 감독作品
귀향첫演出 영화!!
어느날, 바람이 불던 어느날
나는 다시 태어나고 싶었다.
東亞輸出公司作品
●당신과 만나고온 이 뜨거운바람은
오늘 당신의 秘密을 알고 있다…

1980. 11. 22.

분다, 불어불어!!
새롭고 뜨거운 바람!!
새충격이 지금 펼쳐진다!!
뜨거운 당신 가슴을 다오。
지금 악수하고 싶다
李長鎬
歸鄕 감독 첫作品
長鎬형 커피 한잔사게!!
당신은 서울사람인가?
스쳐가는 사람얼굴
몇백만 속에
우리모두는 "외돌톨이"다!!
바람불어 좋은날
관객혹평모집개시!!
26일前夜祭
이틀뒤!!
27일開封
명보극장

〈별들의 고향〉의 영상 충격
청년 이장호 귀향
감독 첫 작품

원작 최일남 〈우리들의 넝쿨〉

오늘 이땅의
外画팬과
당당히 겨루고싶은 映画!!
長鎬형 커피 한잔사게!!
電話문의 쇄도!!
26일前夜祭
목요일
27일개봉!!
미성년자관람불가
명보극장

082

최후의 증인

개봉 1980. 11. 15. 명보극장

원작 김성종
각본 윤삼육
감독 이두용
출연 하명중, 정윤희, 최불암, 한혜숙

- 한국영상자료원 선정 한국영화 100선.
- 김성종의 소설 《최후의 증인》을 영화화한 작품.

그는 울었고, 걸었으며,
분노했고, 그리고 죽었다!!

누구요?
당신 누구요?

이 사람도- 우리 민족- 오천만분의 일이다!

'한국영화 문제작가 시리즈①'
김성종 원작
이두용 연출

최후의 증인

《한국일보》 창간 20주년 기념 당선 작품
정일성 촬영
윤삼육 각색

호화 캐스팅
하명중, 정윤희, 최불암, 한혜숙, 이대근
창자가 쏟아지게 열창하는 명창 김소희

목숨의 끈을 풀어라, 당신이 지금 필요하다
을씨년스러운 겨울 나뭇가지 사이로
세차게 불어오는 바람 속에
목소리 하나 묻어 있다
"당신 누구요?"

그는 울었고、
걸었으며、
분노했고、
그리고
죽었다!!
누구요? 당신누구요?
이 사람도—우리민족—오천만분의 일이다!
〈韓国映画 問題作家시리즈①〉
金聖鍾作 李斗鏞演出
最後의 證人
韓国日報 創刊20주년기념 当選作品
鄭一成촬영 · 尹三六각색
河明中
정윤희
崔佛岩
한혜숙
李大根
金素姬
상영시간
장장 3 시간
당신을 꼼짝 못하게 한다
이틀뒤 開封
今週土曜日
15
明宝
목숨의 끈을풀어라,당신이 지금 필요하다.
을씨년 스러운 겨울나무가지 사이로
세차게 불어오는 바람속에
목소리 하나 묻어있다.
"당신누구요?"
(기금포함)
요금 1,500원
미성년자관람불가
세경흥업(주)제작
●시간표●
① 11:00
② 2:00
③ 5:00
④ 7:50
정윤희
崔佛岩
처음으로 明宝劇場에 모습을 보인다!!
난방완비!

1980. 11. 13.

정윤희, 최불암
처음으로 명보극장에 모습을 보인다!!

상영시간
장장 3시간
당신을 꼼짝 못하게 한다.

미성년자 관람 불가
세경흥업(주) 제작

이틀 뒤 개봉
금주 토요일
15
명보

083

피막

개봉 1981. 6. 13. 단성사

각본 윤삼육
감독 이두용
출연 유지인, 남궁원, 김윤경, 황정순

- 한국영상자료원 선정 한국영화 100선.
- 제20회 대종상영화제 남우 주연상(남궁원).
- 제3회 낭뜨영화제 출품.
- 제17회 백상예술대상 영화감독상(이두용).

땀내음, 흙내음, 내고장내음!
밭이랑을 넘어 늠실대는
능구렁이 같은 '에로티시즘'!

피막

피막이란 현세와 미래의 갈림길
죽음과 삶이 공존하는 곳!

시와 성과 색이 조화된 영상 예술의 극치!
베니스영화제 출품 예정!
북미주 지역으로 수출 결정!

열녀문이 불타던 날 밤… '옥화'는
땀에 흠뻑 젖은 옷을 활활 벗어
젖혔다! 그리고……

영화인협회 촬영위원회 81년도
촬영기술상 수상!
한국 연극영화예술상 수상!
감독 부문 이두용

제작 김화식
기획 김명식
각본 윤삼육
유지인, 남궁원, 황정순, 최성호,
김윤경, 현길수, 태일, 전숙

'샤머니즘'의 그윽한 세계!

지성 팬을 위해
13일(토) 공개
연소자 관람 불가

단성사

땀내음, 흙내음, 내고장내음!
밭이랑을 넘어 늘실데는
능구렁이 같은 「애로티시즘」!
避幕이란 現世와 未來의 갈림길
죽음과 삶이 共存하는곳!
避幕
(피막)
제작·김화식
☆詩와性과色이 調和된
映像藝術의極致!
베니스映画祭出品予定!
北美洲지역으로輸出決定!
映画人協会 撮影委員会81年度
撮影技術賞受賞!
한국演劇映画예술상受賞!
監督部門 이두용
烈女門이 불타든 날밤…"옥화"는 땀에 흠뻑
젖은 옷을 활활 벗어 젖혔다! 그리고……
유지인/남궁원/황정순/최성호
김윤경/현길수/태일/전숙
기획·김명식
각본·윤삼육
☆새歷史 새傳統。团成社가 開舘以來—
實로 70年만에 이룩한 壯擧!
세경흥업(주) 제작
☆知性「팬」을위해—
13(土日) 公開!
①11·20②1·40③4·00
④ 6·20⑤8·40
(1,500원균일)
<연소자관람불가>
「샤머니즘」의
그윽한 世界!
TEL〈764〉3745
团成社

'81. 6. 11.

084

어둠의 자식들

개봉 1981. 8. 7. 명보극장

원작 황석영, 이동철
감독·각본 이장호
출연 나영희, 안성기, 김희라, 이대근

玄岩社
서울마포구공덕동 105의 90
Tel. 714-3142·3143·3144
*「어둠의 자식들」주인공 이동철 作
*그가 또다시 우리들에게 충격의 異色地帶를 펼쳐보여 준다!
話題의 最新刊
꼬방동네 사람들
(근일中발매)
*어둠의 자식들의 그후 이야기를 이동철 자신이 직접 피카레스크 형식으로 기록한 또하나의 異色 현장소설! 잡초처럼 살아가는 서울 변두리 판자촌 동네의 절박한 삶의 이야기가 너무도 적나라하게 우리의 가슴을 친다!
국판/값2,800원/유명서점에 있음
*어둠의 자식들, 그후 그들은 어떻게 되었는가?
黃晳暎/作
어둠의 자식들
마침내 요원의 불길처럼
번지는 感動의 메아리!
*이미 10만부를 돌파하고도 끊일 줄 모르는 독자 들의 절찬속에 연속 증판 발행중! 마치 요지경속을 들여다 보듯 우리에게 후련한 감동과 신선한 충격, 그리고 미묘한 거부 반응과 당혹감을 안겨 준다!
국판/362페이지/값2,800원

영화의 원작 소설 《어둠의 자식들》의 1981년 6월 16일자 광고. 이 작품과 함께 광고한 《꼬방동네 사람들》 또한 이듬해인 1982년에 영화화된다.

이장호 연출
황석영 소설

(주)화천공사 작품

1981. 8. 5.

085

만다라

개봉 1981. 9. 12. 단성사

원작 김성동
각본 이상현, 송길한
감독 임권택
출연 전무송, 안성기, 방희

- 한국영상자료원 선정 한국영화 100선.
- 김성동의 동명 소설을 영화화한 작품.
- 제20회 대종상영화제 감독상(임권택), 우수 작품상.
- 제18회 백상예술대상 남자 최우수 연기상(안성기).
- 제11회 베를린영화제 출품.

한국영화의 조롱은 끝났다.

감독 임권택
촬영 정일성

길은 멀어라–
아침이여–
돌아보니
아– 나는–
다시 출발점
오늘 저녁–
백골 같은 허무로–
나를– 술 마시게 하네…

추석 12일(토) 개봉 강타!
단성사

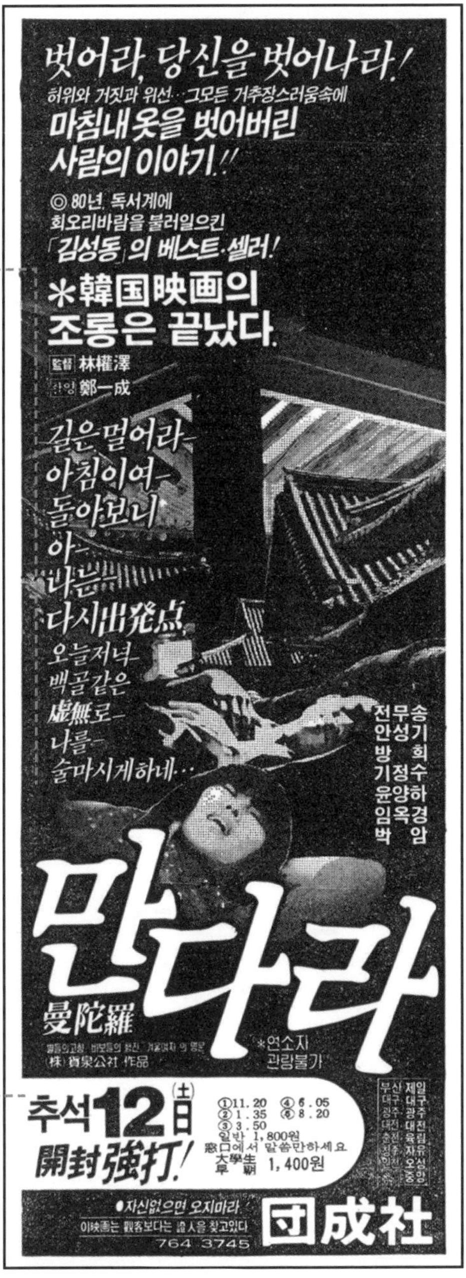

벗어라, 당신을 벗어나라!
허위와 거짓과 위선…그 모든 거추장스러움속에
마침내 옷을 벗어버린
사람의 이야기!!
◎ 80년, 독서계에
회오리바람을 불러일으킨
「김성동」의 베스트·셀러!
＊韓国映画의
조롱은 끝났다.
監督 林權澤
촬영 鄭一成
길은 멀어라–
아침이여–
돌아보니
아–
나는–
다시出発点,
오늘저녁–
백골같은
虛無로–
나를–
술마시게하네…
전무송
안성기
방희
기정수
윤양하
임옥경
박암
만다라
曼陀羅
(株)貨泉公社 作品
＊연소자
관람불가
추석12日(土)
開封强打!
①11.20 ④6.05
②1.35 ⑤8.20
③3.50
일반 1,800원
窓口에서 말씀만하세요
大學生 1,400원
●자신없으면 오지마라
이映画는 觀客보다는 證人을 찾고있다
764 3745
团成社

1981. 9. 11.

080

난장이가 쏘아올린 작은 공

개봉 1981. 10. 17. 대한극장

원작 조세희
각본 홍파
감독 이원세
출연 전양자, 안성기, 김추련, 금보라

- 한국영상자료원 선정 한국영화 100선.
- 조세희의 동명 소설을 영화화한 작품.
- 제18회 백상예술대상 감독상(이원세).

강렬한 테마!
치밀한 연출!
끝없는 감동!

1979년 동인문학상 수상작 영화화!
한국 지성의 가슴을 울린 문제의
베스트셀러!

1. 10. 16.

087

꼬방동네 사람들

개봉 1982. 7. 17. 푸른극장

원작 이동철
각본 배창호
감독 배창호
출연 김보연, 안성기, 김희라

- 한국영상자료원 선정 한국영화 100선.
- 제21회 대종상영화제 여우 주연상(김보연).
- 배창호 감독 데뷔작.

1982. 7. 17.

김보연·안성기·김희라·공옥진·송재호
원작 이동철
감독 배창호
알량한 선전문안으로
이 映画를 説明하고 싶지않읍니다!!
이 영화에 참여한 모든사람들이 턱없는 선전으로 당신의 입장료를 함부로 탐내지 않기를 동의했읍니다
이미 당신이 더 잘아는 영화입니다.
꼬방동네 사람들
꼬방절
매표구에서
윙크
来日 아침開封
前夜祭 오늘오후7시
7월17일!!
●굳이 이 훌륭한 영화를 숨어 있는 劇場에서 最初開封을 하는 이유?
●시간표
1 10:30
2 12:50
3 3:00
4 5:20
5 7:40
6 10:00
입장요금(기금포함)
●첫회만 1,500원
●一般 2,000원
362-0818
旧서대문극장 364-3351~3
푸른극장

1982. 7. 16.

알량한 선전문안으로
이 영화를 설명하고 싶지 않습니다!!

굳이 이 훌륭한 영화를 숨어 있는
극장에서 최초 개봉을 하는 이유?

088

안개마을

개봉 1983. 2. 12. 허리우드

원작 이문열
각본 송길한
감독 임권택
출연 정윤희, 안성기, 박지훈

● 한국영상자료원 선정 한국영화 100선.
● 이문열의 단편소설 〈익명의 섬〉을 영화화한 작품.
● 제22회 대종상영화제 남우 주연상(안성기).
● 제19회 백상예술대상 감독상(임권택), 대상, 작품상, 남자 최우수 연기상.

제작 박종찬
기획 김재웅, 조명화

동인문학상에 빛나는 이문열 작
〈익명의 섬〉 영화화!

칸영화제 출품 예정!

1983. 2. 11.

089

물레야 물레야

개봉 1984. 2. 25. 명보극장

각본 임충
감독 이두용
출연 원미경, 신일룡, 문정숙

- 제37회 칸국제영화제 주목할 만한 시선.
- 제22회 대종상영화제 감독상(이두용), 최우수 작품상.
- 제20회 백상예술대상 여자 최우수 연기상(원미경).

건국 이래 최초 칸영화제 출품 초청!

대종상 6개 부문 수상
작품상, 감독상, 각본상, 편집상,
조명상, 녹음상

전편 완전 동시녹음
우리의
전통국악(가야금·판소리·창)만으로
영화음악을 대신했습니다.

〈피막〉의 이두용 감독
원미경, 신일룡, 문정숙

각본 임충
기획 김갑의
제작 정웅기

아픔의 실을 뽑아
불행의 천을 짜는가?!

여인잔혹사

물레야 물레야

여자라는 이유 하나만으로
왜 사는 한평생은 이다지도 달라야
합니까?

피 끓는 사랑 하나, 영롱한 못이 되어
육신의 마디마디에 정통으로 박히나니!

한림영화(주) 제작 배급

만18세 이상 보실 수 있습니다.
(단 중고생 제외)

2월 25일(토) 개봉
명보극장

建国以來 最初
칸느 映画祭 출품초청!
●대종상 6개부문수상
작품상/감독상/각본상
편집상/조명상/녹음상
「피막」의 李斗鏞 監督
●全篇完全同時錄音
●우리의 伝統国楽(가야금·판소리·창)
만으로 영화음악을 대신했읍니다.
원미경/신일룡/문정숙
아픔의 실을 뽑아
不幸의 천을
짜는가?!
脚本/林忠
企劃/金甲敎
製作/鄭雄起
女人殘酷史
물레야 물레야
●女子라는 이유 하나만으로
왜 사는 한평생은 이다지도 달라야 합니까?
피끓는 사랑 하나,
영롱한 못이 되어
육신의 마디마디에
정령으로 박히나니!
I'll meet you at Midnight
深夜劇場
토요일밤 11:30
① 11:20
② 1:35
③ 3:55
④ 6:15
⑤ 8:40
2월 25일(土) 개봉
●당신의 만족은
저희의 기쁨입니다
명보극장
274-2121/2122/2123
1회한 1,500원/일반 2,000원(기금포함)
●만 18세 이상 보실수 있읍니다. (단 중고생제외)
부산/부산|대구/제일|광주/아카데미|대전/대전

1984. 2. 22.

090 바보 선언

개봉 1984. 3. 1. 단성사

원작 이동철
각본 윤시몬
감독 이장호
출연 이보희, 김명곤, 전숙, 김지영

- **한국영상자료원 선정 한국영화 100선.**
- **제19회 시카고영화제 본선.**
- **제29회 아시아태평양영화제 특별상.**

한국영화사상 최초의 영광!
찬! 19회 시카고국제영화제 우수 영화상 수상
'본선 5개 부문 노미네이트'
세계의 영화인들이 〈바보 선언〉에
기립박수를 보냈습니다!

오늘 거꾸로 세상을 보기로 한 천재가
되다 만 바보이야기!

제22회 대종상 수상
이보희(신인 여우상),
음악상, 효과상

흥행밀렵꾼 이장호 감독 작품

이동철 원작

어둠의 자식들 2부

바보 선언

제작 박종찬
기획 김재웅, 이춘연

동철 김명곤
혜영 이보희
육덕 이희성

(주)화천공사 작품

3·1절 특선
단성사

*한국영화 최초의 영광!
爆!
19회 시카고国際映画祭
優秀映画賞受賞
〈本選 5個部門 노미네이트〉
세계의 영화인들이 바보선언에
기립박수를 보냈읍니다!
이보희
이희성
★제22회 대종상수상
★흥행밀렵꾼
이장호
감독작품
오늘 거꾸로 세상을 보기로한
천재가 되다만 바보이야기!
이동철원작
어둠의자식들 2部
연소자 관람불가
부산·제일
광주·무등
대전·아카데미
인천·애관·문화
수원·아카데미
DECLARATION OF FOOLS
*95분동안에
36마디의 대사뿐
바보선언
*방화자전!
深夜劇場
3·1절特選
3月1日(木)開封
*젊지않은 관객은
이영화 감상을
포기하십시요.
団成社
TEL. 764-3745

1984. 2. 28.

190

고래사냥

개봉 1984. 3. 31. 피카디리

원작·각본 최인호
감독 배창호
출연 김수철, 이미숙, 안성기, 이대근

- 한국영상자료원 선정 한국영화 100선.
- 제20회 백상예술대상 영화 대상, 작품상.
- 1985년 〈고래사냥2〉를 발표.

High Comedy in Blue.
'끼'있는 영화쟁이
배창호의 사랑타령!
「2부」는 두배 입니다. 웃음두배, 흥분두배, 재미 두배, 감동두배, 긴장두배.
고래잡이 왕초들 다시 뭉쳤다!
●선주 최인호 ●기관사 손창민
●선장 배창호 ●조타수 강수연
●포수 안성기 ●조리사 김수철
●각본 최인호 ●감독 배창호 ●촬영 유영길 ●음악 김수철
전화하세요. 왕초와 병태는 총각입니다. TEL 269-5691
우리들의 고래를 찾아라!! 산으로 바다로 강으로
그렇게 찾아헤매던 예쁜고래는
어느날 「안성기」하고 소주먹고 있었다.
왕초, 이번엔 뭐야?!
●도시의 모험편●
★★★★ 별네개짜리 영화
굿.바이 1985
고래사냥2
부산/부산극장
대구/아카데미
광주/광주극장
마산 마산극장
인천 미림극장
수원 수원극장
신나는 왕초들의 대행진!
이제, 모두가 왕초들 꺼다!
개봉박두!
X-마스 新正 특선
피카디리
765-2245~7
1985년 12월 18일자 《동아일보》에 실린 〈고래사냥2〉 광고.

"정말 못참겠다 빨리 보여달라!"
병태(김수철)와 왕초(안성기)는 마침내 겨울바다 앞에서 옷을 벗었읍니다.
I Love, girls ➡김수철
I Love, money ➡안성기
최인호(소설)
배창호(연출)
제작강대진
카메라와 녹음기를 가저오세요.
密着 Interview 허용!
3月31日토요일開封날
김수철·안성기·이미숙 최인호·배창호와 함께 劇場内 팬들과 사진 촬영및 자유대담 허용
●개봉날 첫회 안성기/김수철/이미숙 무대인사
This is not a whale
아니면,『옐로카드』를 내세요!
"왕초형!나 고래하나 잡아줘!"
"야-이 평태야!고래가 서울에 어딨니"
너무, 너무, 재민능거 있지! 고래야!
안성기, 김수철이 지난겨울「강제자백」한 사랑告白!
고래사냥
Satisfaction
주 삼영필름·제작
●3月31日(土)날의 日氣예보는 「영화」감상에 快適한 날씨랍니다
예보
31日(土)開封
요금 2000원
부산/부산·대구/한일
대전/아카데미·수원/아카데미
*안락한 극장
피카디리
765-2245~7

1984. 3. 30.

카메라와 녹음기를 가져오세요.
밀착 Interview 허용!
3월 31일 토요일 개봉 날
김수철·안성기·이미숙·최인호·배창호와 함께 극장 내 팬들과 사진 촬영 및 자유 대담 허용

안성기, 김수철이 지난겨울 '강제자백'한 사랑 고백!

깊고 푸른 밤

개봉 1985. 3. 1. 명보극장

원작·각본 최인호
감독 배창호
출연 안성기, 장미희, 최민희

- 한국영상자료원 선정 한국영화 100선.
- 제24회 대종상영화제 감독상(배창호), 남우 주연상(안성기).
- 제21회 백상예술대상 영화감독상(배창호), 남자 최우수 연기상(안성기),
영화 대상, 영화 작품상.

1985. 3. 27.

그女의 야윈 어깨 죽지가
지금 들썩이기 시작했다!
●비밀 잠입 성공!
당신을 요구한다!
그 거친 캘리포오니아 일대를
마치 우리 땅처럼 누비며
지금 막 찍어온 펄펄끓는
사랑랩소디!
싱싱합니다!
안성기 vs 장미희
배창호 vs 최인호
그 황홀한 랑데뷰!
당신은
화려한 색조의
짙은 女性映画를
만나게된다! 지금
깊고 푸른 밤
DEEP BLUE NIGHT
심야劇場
토 PM 11:30
알갱이가 꽉찬 映画! 개봉독촉쇄도!
우리는 世界를 겨냥
개봉준비를 했읍니다!
1회한 2,000원
일반 2,500원
3月 1日 歷史的 大開封
①11:30 ②1:50 ③4:10 ④6:30 ⑤8:50
부산 제일/대구 아카데미
광주 무등·대전/중앙
명보극장
274·2121/2122/2123
1985. 2 .28.

093

장남

개봉 1985. 6. 22. 단성사

원작·각본 안진원
감독 이두용
출연 신성일, 태현실, 김일해, 황정순

● 한국영상자료원 선정 한국영화 100선.

'85 칸국제영화제 출품 확정!
'74, '78, '83 대종상 수상
'81 베니스국제영화제 ISDAP
특별감독상 수상!
'82 런던국제영화제 우수 영화 입선
〈피막〉
'84 칸국제영화제 입선 〈물레야 물레야〉
'84 미국 시카고국제영화제
최우수 영상미술상 수상 〈물레야 물레야〉

한국이 낳은 세계적 영상 감독
이두용의 필생의 역작!

장남

제작·기획 이태원

간장 에이게 하는 부모의 내릿사랑,
미묘한 어이지간의 갈등, 우애…
가슴으로 이 영화를 음미하십시오!

신성일, 민복기, 태현실, 남궁원,
황정순, 김희라, 문정숙, 김성수,
오영화, 김일해

촬영 정일성
조명 차정남
음악 이철혁
각본 안진원, 이두용

태흥영화(주) 작품

6월 22일(토) 개봉
단성사

'85칸느国際映画祭出品確定!
'74/'78/'83大鐘賞受賞
'81베니스国際映画祭 I·S·D·A·P特別監督賞受賞!
'82런던国際映画祭優秀映画入選〈피막〉
'84칸느国際映画祭入選〈물레야 물레야〉
'84美国시카고国際映画祭最優秀映像美術賞
受賞〈물레야 물레야〉
韓国이 낳은 世界的映像 監督
李斗鏞의 畢生의 力作!
長男
■製作/企劃/李泰元
● 간장 에이게 하는 부모의 내릿사랑,
미묘한 어이지간의 갈등, 우애…
가슴으로 이映画를 음미하십시요!
연소자관람가 요금2000원均一
攝影 鄭一成
照明 車正男
音樂 李哲赫
脚本 安眞源
李斗鏞
6月22日(土)開封
태흥영화(주)작품
団成社
☎764-3745

1985. 6. 20.

094

땡볕

개봉 1985. 8. 1. 명보극장

원작 김유정
각본 이영일, 나한봉
감독 하명중
출연 조용원, 하명중, 이혜영, 주상호

- 한국영상자료원 선정 한국영화 100선.
- 제23회 대종상영화제 음악상(김영동).

세계 영화사에 기록된 우리영화!

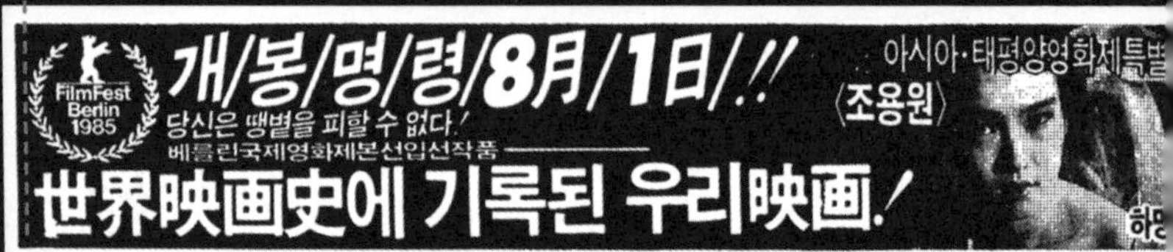

FilmFest Berlin 1985
개/봉/명/령/8月/1日/!!
당신은 땡볕을 피할 수 없다!
베를린국제영화제본선입선작품
世界映画史에 기록된 우리映画!
〈조용원〉

1985. 7. 29.

하명중 감독
땡볕
THE BLAZING SUN
新바람
눈이 올라나-
비가 올라나-
억수장마 질라나-
만수산 검은구름이
막 모여든다.
하늘도 뜨겁고
땅도 뜨거운 세상.
살아야지…
살아야해…
살아야한다!
개봉명령 8月 1日!!
하명중
조용원
이혜영
음악 김영동
촬영 정광석
FilmFest Berlin 1985
베를린국제영화제본선입선작품
샘물같이 맑은映畵!
FILM SPIEGEL紙
고립으로 부터의 탈출!
ZOOM誌
꼭 기억해야할 成功作!
TAGES SPIEGEL紙
욕망과 사랑과 생존과…!
FILM FEST JOURNAL誌
살아있는 동양정서
DIE WELT誌
기대치 못한 전개!
BERLINER MORGENPOST紙
정면승부
누가 땡볕을
피할 수 있으랴!
1회한 2,000원
일반 2,500원
연소자관람不可
곧 개관!
종로관훈빌딩 지하1층
명보소극장
111 30 21 50 34 10
46 30 58 50
명보극장
274-2121 2122 2123
부산/부산극장

꼭 기억해야 할 성공작!

1985. 7. 31.

바람!
야할 成功作!
SPIEGEL紙
땡볕
THE BLAZING SUN
음악 김영동
촬영 정광석
감독 하명중
살아야지…살아야해…살아야한다!
「베를린」돌고「암스텔담」들리고「모스코바」로 떠나기전에
먼저 위대한 한민족인 당신에게 평가받고싶다!
1회한 2,000원
일반 2,500원
111 30 21 50 34 10
46 30 58 50
명보극장
274-2121 2122 2123
연소자관람不可
곧 개관!
종로관훈빌딩 지하1층
명보소극장

095

길소뜸

개봉 1986. 4. 5. 대한극장

각본 송길한
감독 임권택
출연 김지미, 신성일, 한지일, 김지영

- 한국영상자료원 선정 한국영화 100선.
- 제1회 후쿠오카국제영화제 출품.
- 제22회 백상예술대상 영화 대상, 영화 작품상.
- 제24회 대종상영화제 여우 주연상(김지미).

986. 4. 5.

1986. 4. 2.

096

티켓

개봉 1986. 8. 23. 명화극장, 서울극장

제작 ㈜지미필름
각본 송길한
감독 임권택
출연 김지미, 안소영, 명희, 이혜영, 전세영, 박근형, 최동준

- **한국영상자료원 선정 한국영화 100선.**
- **제25회 대종상영화제 감독상(임권택), 시나리오상(송길한).**
- **제23회 백상예술대상 여자 최우수 연기상(김지미).**

해변가의 한 도시에서
잉태한 사랑의 빅 이벤트

1986. 8. 23.

임권택 감독

여인군도의 싱싱한
현장 리포트!!

각본 송길한

티켓!
한 장으로 당신은
다섯 여자의
모든 비밀을
알게 됩니다.

1986. 8. 21.

097 씨받이

개봉 1987. 3. 21. 명보극장

각본 송길한
감독 임권택
출연 강수연, 이구순, 윤양하, 김형자, 방희

- 한국영상자료원 선정 한국영화 100선.
- 제9회 낭뜨영화제 출품.
- 제32회 아시아태평양영화제 감독상(임권택), 최우수 작품상.
- 제44회 베니스국제영화제 여우 주연상(강수연).

이 作品은 시대적 산물이다!
아시는 분은 아십니다!
—슬픈 여자의 운명—
탐닉의 美学!
파격성의 미학!
11:30
人間本能을 향한
용기있는 접근!
「만다라」「길소뜸」「티켓」의
임권택감독작품
강수연
이구순
윤양하
씨받이
오늘 開封!
예매제실시
11 20
1 40
4 00
6 20
8 40
명보극장
274-2121/2122

1987. 3. 21.

탈로칼리즘 선언!

이것은 현대인의 문제다!
인간본능을 향한
용기 있는 접근!

1987. 3. 20.

098

성공시대

개봉 1988. 6. 4. 피카디리

각본·감독 장선우
출연 안성기, 이혜영, 최봉, 정부미, 정진

● 한국영상자료원 선정 한국영화 100선.
● 제25회 백상예술대상 남자 최우수 연기상(안성기), 여자 최우수 연기상(이혜영).

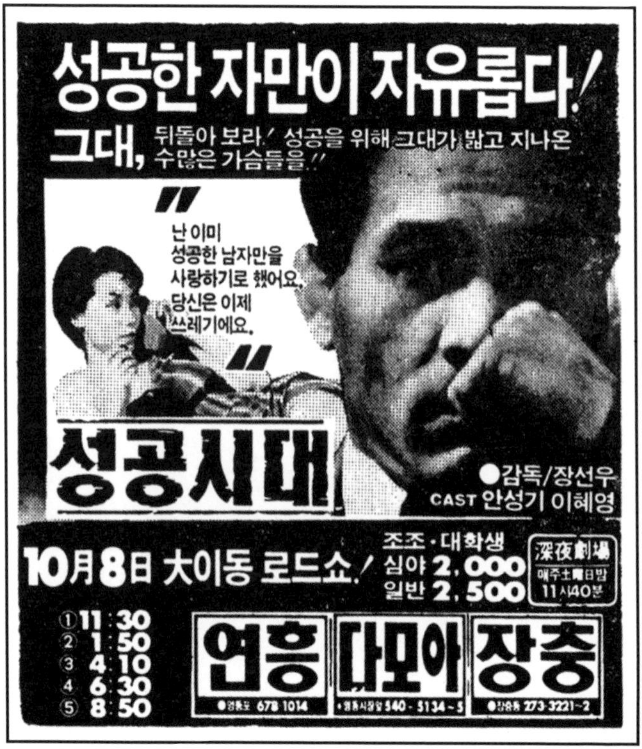

성공한 자만이 자유롭다!
그대, 뒤돌아 보라! 성공을 위해 그대가 밟고 지나온 수많은 가슴들을!!
"난 이미 성공한 남자만을 사랑하기로 했어요. 당신은 이제 쓰레기에요."
성공시대
●감독/장선우
CAST 안성기 이혜영
10月8日 大이동 로드쇼!
조조·대학생 심야 2,000
일반 2,500
深夜劇場
11시40분
①11:30
②1:50
③4:10
④6:30
⑤8:50
연흥
678 1014
다모아
540-5134~5
장충
273-3221~2

1988. 10. 6.

그 어떤 비극보다도 가슴아픈
오늘, 1988년, 여름!
그대, 뒤돌아 보라!
성공을 위해 그대가 밟고 지나온
수많은 가슴들을!!
이 남자의 비뚤어진 사랑은 당신 가슴에도 숨어있다!
이 영화를 보고 당신은
"男子가 불쌍해…"라고
되뇌일 것이다.
성공을 향한 남자는 죽어가고
그 남자에 의해
여자는 더욱 살아있다!
어미, 안개기둥, 접시꽃 당신의
황기성사단이 발굴하는
88년의 진실한 고백
CAST
안성기 이혜영
열린 영화를 위하여
카메라의 인간선언 —
●감독/장선우
성공시대
당신은 볼때마다 자극적이군…
深夜劇場
(土)11시30분
4日 大開封!
(土요일)
미성년자 관람불가
①11 40
②2 00
③4 10
④6 30
⑤8 40
사별은 6月3日까지
●조조및·심야 2000원
●일 반 2500원
예매실시 765-0500
황기성사단 제작·배급
피카디리
765-2245~7
부산·제일/대구·아카데미

1988. 6. 2.

099

나그네는 길에서도 쉬지 않는다

개봉 1988. 6. 11. 허리우드

원작 이제하
감독·각본 이장호
출연 김명곤, 이보희, 고설봉, 우옥주

●한국영상자료원 선정 한국영화 100선.
●제10회 낭뜨영화제 출품.

1988. 6. 11.

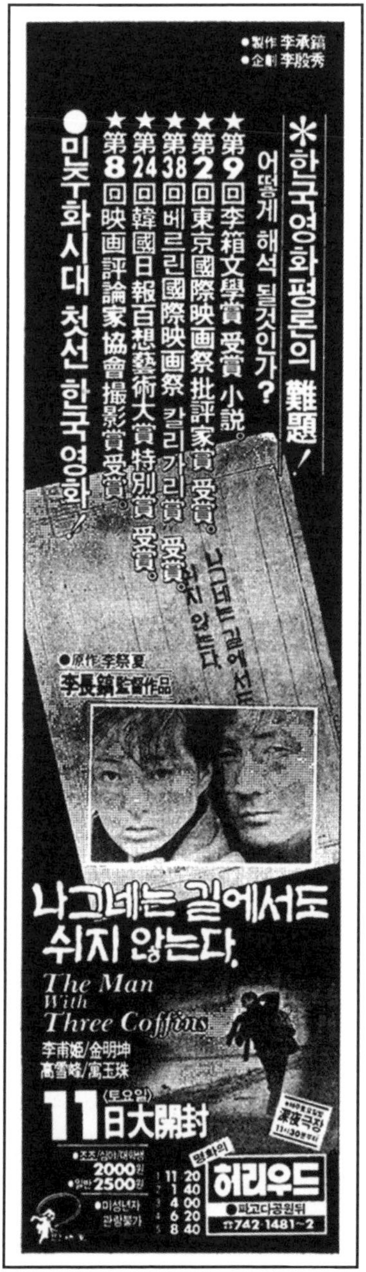

1988. 6. 10.

제작 이승호
기획 이은수

한국영화 평론의 난제!
어떻게 해석될 것인가?

제9회 이상문학상 수상 소설
제2회 동경국제영화제 비평가상 수상
제38회 베를린국제영화제 칼리가리상 수상
제24회 한국일보 백상예술대상 특별상 수상
제8회 영화평론가협회 촬영상 수상

민주화 시대 첫선 한국영화!

원작 이제하
이장호 감독 작품

나그네는 길에서도 쉬지 않는다.
The Man With Three Coffins

이보희, 김명곤,
고설봉, 우옥주

11일(토요일) 대개봉
허리우드

100

칠수와 만수

개봉 1988. 11. 26. 동아극장, 스카라극장

원작 오종우
각본 이상우, 최인석, 지상학
감독 박광수
출연 안성기, 박중훈, 배종옥, 장혁, 나한일

● 한국영상자료원 선정 한국영화 100선.

도시의 꼭대기에서 외쳐대는 이 時代의 出征歌!
●양아치 「칠수」와 깡촌내기 「만수」가 높은데 계신 양반님께 보내는 感動이력서 2통!!
「칠수와 만수」로 한국영화는 새로운 감수성의 元年을 맞는다!
안성기
박중훈
배종옥
감독/박광수
음악/김수철
칠수와 만수
●조조·심야 고교생 2500원 ●일반 3000원
오늘 26日 土 大開封
11 20
1 40
4 00
6 20
8 40
●고등학생관람가
동아
552 6111~4
스카라
266 6333·6303
深夜극장
(주)동아수출공사 作品

1988. 11. 26.

禁忌의벽을 뚫고 달려온 映画
도시의 꼭대기에서 외쳐대는 이時代의出征歌
동두천 양아치「칠수」와 깡촌내기「만수」가 높은데 계신 양반님께 보내는 感動이력서 2통!!
고층 광고壁에 붙어 먹고사는 두마리 매미는 오늘도 서럽게, 서럽게 울고 있읍니다!
88 좋은영화선정
이 영화는— 가진者와 못가진者 쥔者와 잡힌者 「전라도」와「경상도」가 따로 없읍니다!
안성기 박중훈 배종옥
칠수는 칠칠맞고, 만수는 만만하고… 그러나 둘다 非理는 절대없읍니다!
양담배먹고 맴맴… 수입고추먹고맴맴…
칠수와 만수
감독/박광수
음악/김수철
고교생 관람가
● 고교생 조조·심야 2500원
● 일반 3000원
11月 26日(土) 大開封!
11 20 1 40 4 00 6 20 8 40
동아
스카라
266 6333·6303
부산/부산 대구/한일 광주/광주 대전/중앙 스카라

1988. 11. 24.

금기의 벽을 뚫고 달려온 영화!

도시의 꼭대기에서 외쳐대는 이 시대의 출정가
양아치 '칠수'와 깡촌내기 '만수'가 높은 데
계신 양반님께 보내는 감동 이력서 2통!!
"고층 광고 벽에 붙어먹고 사는 두 마리 매미는
오늘도 서럽게, 서럽게 울고 있습니다!"

88 좋은 영화 선정

이 영화는–
가진 자와 못 가진 자
쥔 자와 잡힌 자
'전라도'와 '경상도'가
따로 없습니다!

안성기, 박중훈, 배종옥

칠수는 칠칠맞고,
만수는 만만하고…
그러나 둘 다
비리는 절대 없습니다!

양담배 먹고 맴맴…, 수입 고추 먹고 맴맴…

칠수와 만수

감독 박광수
음악 김수철

11월 26일(토) 대개봉!
동아, 스카라

101

아제아제 바라아제

개봉 1989. 3. 4. 단성사

원작·각본 한승원
감독 임권택
출연 강수연, 진영미, 유인촌, 한지일

●한국영상자료원 선정 한국영화 100선.
●제11회 낭뜨영화제 출품.
●제16회 모스크바국제영화제
여우 주연상(강수연).
●제27회 대종상영화제 최우수 작품상,
여우 주연상(강수연).

1989. 4. 8.

마침내 오늘開封
'89 대종상
4개부문 수상!
●최우수작품상
●여우주연상
●조연남우상
아제 아제 바라아제
감독 임권택
강수연
764-3745
①10:30 ②1:05 ③3:40 ④6:15 ⑤8:50
대학생 2500원 일 반 3000원 미성년자 관람불가
●부산/부영극장 ●대구/아카데미극장

1989. 3. 4.

15만!
⑤8:50
관람불가

달마가 동쪽으로 간 까닭은?

개봉 1989. 9. 30. 명보극장

각본·감독·제작·촬영 배용균
출연 이판용, 신원섭, 황해진, 고수명

- 한국영상자료원 선정 한국영화 100선.
- 제42회 로카르노영화제 황금표범상, 작품상, 감독상(배용균).
- 제42회 칸국제영화제 주목할 만한 시선(배용균).

단 1초의 여유조차 거부하는 당신에게
이 영화는 "大반역"이다!!
당신은 도시 한복판에 고요함이 감돌고 명상과 기도의 체험이 가득한 곳을 열망해 본 적이 있습니까?
여기, 당신을 위해 말없이 거울을 들어 사물을 반조하여 보임으로써 인간 존재의 본질적 문제를 묻는 한편의 명상록이 있습니다.
DEL FILM LOCARNO 1989
배·용·균
로카르노 국제영화제
그랑프리수상
4개부문 특별상수상
국제기독교·카톨릭연합회상
15万 육박!!
많은 분들의 요청으로
강남 「씨네하우스」와 종로「명보아트홀」이
10월 28일부터 합세상영합니다.
달마가 동쪽으로 간 까닭은?
10日 28日 개봉!
씨네하우스
영동도산공원앞 544·7171
명보아트홀
종로화신뒤 관훈빌딩 732-2131·2
광주/현대·전주/명화·제주/아카데미·코리아
〈현장예매실시〉
1 10:00
2 12:40
3 3:20
4 6:00
5 8:40
연소자입장가
2500원
대학생3000원
일반3500원
절찬상영중
명보극장
274·2121/2122

1989. 10. 28.

무시무종
시작도 끝도 없어라!!

1989. 9. 30.

103

우묵배미의 사랑

개봉 1990. 3. 31. 명보극장, 명보아트홀

원작 박영한
각본 임종재
감독 장선우
출연 박중훈, 최명길, 유혜리, 이대근, 최주봉

● 한국영상자료원 선정 한국영화 100선.
● 제26회 백상예술대상 영화 대상, 영화 작품상,
남자 최우수 연기상(박중훈).
● 제27회 체코 카를로비바리국제영화제 비경쟁 부문 선정.

《쏭바강》에서 《우묵배미》를 잇는 박영한의 노정 2
민족적 리얼리즘의 뿌리, 장선우 감독의 트롯트 영

궁핍한 시대를 뚫고 터져오르는 사랑의 휘모리!
뭇뭇한 젊음의 하늘빛 사랑이야기!
봄바람이 분다! 끼가 발동한다! 우묵배미가 꿈틀거린다!
「배일도」와 「민공례」는 바로 우리들의 잃어버린 이름!
「우묵배미의 사랑」으로 90년대 한국영화의 르네상스가 시작됐다!!
천년만년 변치않는 미이라같은 사랑…
좋은사람 곁에있는데 맞아죽으면 어때요!
공례는 천국! 마누라는 지옥!
너 허는 짓꺼리를 봉께 두집살림허고도 남겠다!
세상에 나정도 과거없는 여자 어딨어?
돈은 비록없어도 사랑만은 맛좋게 한다구…
특별감상문 모집!
우묵배미의 사랑
장내 탁아소설치!
어린아이들을 두신
주부관객을 위해
1, 2회에 한해 장내에
어린이 놀이방을
설치 운영합니다.
「씽바강」에서 「우묵배미」를 잇는 박영한의 노정20년!
民族的 리얼리즘의 뿌리, 장선우監督의 트롯트映像!!
① 11:30
② 1:50
③ 4:10
④ 6:30
⑤ 8:50
일반/3,500원
조조, 대학생/3,000원
연소자관람불가
◀예매제실시▶
3月31日대개봉!
부산/부영 대구/한일 청주/스크린
광주/제일 대전/대전 인천/애관
천안/스몰시티 수원/수원 성남/대한 평택/평택
명보아트홀
종로화신뒤 관훈빌딩 732-2131·2
명보극장
274-2121/2122

1990. 3. 29.

104

파업전야

개봉 1990. 3. 28.

제작 이용배, 이은
각본 공수창, 김은채, 민경철
음악 안치환, 조성욱
감독 장동홍, 이재구, 장윤현, 이은기
출연 홍석연, 엄경환, 강능원, 고동엽, 박종철, 신종태, 황태언, 임영구

● 한국영상자료원 선정 한국영화 100선.
● 정부로부터 상영 금지 처분을 당하자 대학가 순회 상영을 통해 널리 알려졌다.

천만노동자에게 드라

파업전야는 계속

세계노동절101 주년기념전

서울	건국대 중강당	4. 26(목) 2시 30, 5시 4. 27(금) 2시 30, 5시, 8시 4. 28(토) 1시, 3시
	서강대 메리홀	4. 26(목) 2시 30, 5시, 7시30 4. 27(금) 5시, 7시 30
	중앙대대학극장	4. 27(금) 2시 30, 5시, 7시 30 4. 28(토) 12시, 2시, 5시
수원	4/25 한양대(안산) 합동강의실 11, 2, 4, 7:30 4/28 성균관대(수원) 강 당 4:00, 6:30	
대전	4/28 한남대 소극장 7:00 4/30 천안단국대 1, 4 4/29 한남대 소극장 4:00 5/1 천안단국대 1, 4	
대구	4/25 동국대 4/29 경북대 5/1 영남대	
전주	4/26 원광대 4/27 전북대	
광주	4/27 전남대 4/28 전남대 4/29 전남대	
춘천	4/26 강원대 4/27 강원대	
부산	4/25 부산대 4/27 경성대 4/30 부산대	

주최 : 전국노동조합협의회/후원 : 전대협·전교조·민예총/주관 :

1990. 4. 25.

화

됩니다

상영

영남대 2, 4:30, 7

압분쇄 공동투쟁위원회

영화 "파업전야"를 지켜냅시다!

국민여러분.

영화 "파업전야"에 대한 탄압이 자행되고 있습니다. 전국 각지에서 필림을 빼앗고, 현실을 진솔하게 표현하고자 하는 예술적 신념을 가진 영화인에 대해 수배령을 내리고, 관객을 끌어내려고 백골단을 투입하는 검찰과 치안당국이 있습니다. 이 영화를 보았다하여 노동자에게 해고를 강요하는 사업주가 있습니다. 상영을 저지하기 위해 헬기를 띄우고, 1천명이 넘는 병력을 투입하는 정부가 이 강산에 있습니다.

왜 국민의 복리를 증진하고 민주주의를 수호해야할 정부가, 왜 노동조건을 개선하고 노동자의 권리를 인정해야할 사업주가 이 한편의 영화를 탄압하려고 혈안이 되어있는 것입니까? 그들은 이 영화가 국민에게 상영되는 것을, 특히 노동자와 만나는 것을 두려워하고 있습니다. 혹시라도 이 영화를 보고 정부를 비방하거나 노동자의 진정한 권리를 주장할까봐 노심초사하고 있습니다. 이 영화가 "파업을 선동"한다거나 "제3자 개입금지조항"에 해당된다고 운운하는 것은 정말 기상천외한 발상이라고 하지 않을 수 없습니다.

그러나 당국의 터무니없는 발상이나 탄압에도 아랑곳하지 않고, 이 영화를 지키고자 하는 이들 또한 있습니다. 바로 상영장을 메운 관객여러분들입니다. 그들은 때로는 각목을 들고 진입한 전경을 물리치거나 때로는 한통의 전화로 따뜻한 격려를 보내주시어, 이 영화를 지키기 위한 우리들의 노력이 외롭지 않다는 사실을 증명해주고 있습니다.

우리는 이 영화를 지키기 위해 어떠한 투쟁도 불사할 것입니다. 그것만이 이 영화를 만들 수 있도록 도와주신 한독금속 노조원 분들과 그들의 일천만 노동형제들에게 답하는 길이요, 국민의 침해할 수 없는 불권리를 수호하며, 헌법에 보장된 예술창작, 표현의 자유를 실질적으로 쟁취하는 한가지 방도라는 점에 우리는 추호의 의심도 허락할 수 없습니다.

따라서 우리는 이 영화의 전국적 재상영을 강행할 것을 국민여러분께 알려 드리며 이 싸움에 대한 동참을 호소하는 바입니다. 주변의 직장동료와 학우와 그리고 노동형제에게 이 영화를 소개해 주시고 전국 각지의 상영장을 메워주십시오. 그 것만이 당국의 탄압에 대한 가장 효과적이고도 위력적인 방책이며, 이 영화의 주인인 4천만민중과 천만 노동자에게 이 영화를 온전히 되돌려주게 하는 길입니다.

국민 여러분의 동참을 호소합니다.

남부군

개봉 1990. 6. 2. 대한극장

원작 이태
각본 장선우
감독 정지영
출연 안성기, 최민수, 최진실, 이혜영, 강태기

- 한국영상자료원 선정 한국영화 100선.
- 제1회 춘사영화상 감독상, 남우 주연상 외.
- 제11회 청룡영화상 감독상, 남우 주연상 외.

총 제작비 14억, 제작 기간 3년,
연 동원 인원 30,000명!

내일, 우리는 1960년 9월부터
'지리산'에서 생겼던 일을 온 국민 앞에
숨김없이 보여드립니다!!

남부군

정지영 감독 작품
주연 안성기, 이혜영, 최진실,
최민수, 트위스트김,
허기호, 독고영재, 강태기, 조형기,
나기수, 문창근, 이은석, 박정수,
장승화, 임대호, 노재희, 임창정,
김영신, 차양희, 박용팔
원작 이태
기획 박건섭
촬영 유영길
조명 김동호
돌비녹음 김경일
녹음 이영길
음악 신병하
편집 김현
특수효과 이정일
미술 조융삼
소품 김한상
남 프로덕션 제작·배급

드디어 화제와 대망의 전국 '로드쇼'
결정!!

6월 2일 대개봉
대한극장

"당신은 1990년, 6월 2일(토)을 오래도록 기억하게 될 것입니다!!"
100만 독자를 감동시킨 피와 눈물과 사랑의 대서사시!

"제가 바로 그 유명한 '오리지날' 빨갱이입니다!"
"목숨 붙어 사는 게 죄스러울 뿐입니다!"

감동과 떨림, 그리고 눈물로 얼룩진 시사회장, 관객은
모두 일어서 기립박수로 '스태프'들의 노고에 보답했다!
-영화진흥공사·시사회장에서-

"당신은 1990年, 6月2日(土)을
오래도록 기억하게 될것입니다!!"
100萬 독자를 感動시킨 피와 눈물과 사랑의 大叙事詩!
"제가 바로 그有名한 「오리지날」빨갱이 입니다!"
"목숨붙어사는게 罪스럴 뿐입니다!"
감동과 떨림, 그리고 눈물로 얼룩진 시사회장, 관객은 모두 일어서 기립박수로「스탭」들의 노고에 보답했다!
총제작비 14억, 제작기간 3년, 연동원인원 30,000명!
내일, 우리는 1950年 9月부터「지리산」에서 생겼던 일을 온 국민앞에 숨김없이 보여드립니다!!
南部軍
6本트랙 입체음향
DOLBY STEREO
IN SELECTED THEATRES
정지영/감독작품 주연/안성기/이혜영/최진실/최민수/트위스트김
南프로덕선製作
女社員募集
6月2日大開封
드디어 全国「로드·쇼」決定!!
부산/부산, 대구/한일,
광주/무등, 대전/대전·라이카,
수원/중앙, 인천/오성·중앙, 의정부/중앙,
춘천/피카디리, 원주/문화, 강릉/중앙
울산/태화, 마산/연흥, 진주/동명
전주/명보, 여수/코리아, 제주/제일,
포항/포항, 경주/대왕, 안동/안동,
◀예매제실시▶
중학생이상관람가 ① 11 : 10
1회·중고생 3000원 ② 2 : 20
대학생 3500원 ③ 5 : 30
일반 4000원 ④ 8 : 40
BEST 고집·앞서가는극장
대한극장
지하철 3·4호선〈충무역〉278-8171

1990. 5. 31.

남부군, 전국 100만 관객 동원 기념–
통일 염원 '해외여행'
특별 사은 Quiz 대회!

영화 〈남부군〉의 제작사 '남 프로덕션'은 《일간스포츠》의 후원으로 〈남부군〉의 전국 100만 관객 동원을 기념하여 이 시대 우리 모두의 꿈인 민족과 국토의 통일을 앞당기고 21세기를 준비하는 신세대의 '통일 의지'를 기원하는 뜻에서, '파격 사은 대해외 집단 여행'을 기획합니다.

南部軍, 全国 100萬 관객동원기념–
통일염원「해외여행」
특별사은 Quiz 大会!
영화南部軍의 製作社「南프로덕션」은「일간스포츠」의 후원으로 「南部軍」의 全国 100萬 관객동원을 기념하여 이시대 우리모두의 꿈인 민족과 국토의 통일을 앞당기고 21世紀를 준비하는 신세대의「통일의지」를 기원하는 뜻에서, "파격사은大 해외 집단 여행"을 기획합니다.
발표1
●가는곳/통일을 염원하는 4000만 한국인이 제일 가고싶어 하는곳!
●인원/30명정도 ●날짜/10월 중순 ●응모자격/영화南部軍을 보신「대한극장」관객은 누구나 다!
발표2
성질급한 관객은 여행가는곳이 베를린, 사이공, 예멘 등 분단국가로서 통일을 실현한 나라들이 아니냐고도 물으시고, 심지어는「평양」이 아니냐고도 묻는 분이 계시지만, 글쎄요…「평양」은 우선'해외'가 아니고 또 아직은 갈수가 없는 곳이 아니겠습니까… 좌우간 지금 장안에서는 南部軍의「해외여행」장소가 어디냐는것이 꽤 화제가 되고있는 모양인데, 당신도 한번쯤…
발표3
●「해외여행」의 기간은 5박6일이고 경비는 전액「南프로덕션」이 부담합니다. 아마도, 이 여행에 참가하실분은 역사적인 現場의「생생한 목격자」로 영원히 기억될수도 있습니다! 이 여행은 올가을에 出発 합니다!!
발표4 다음광고를 기다리세요!!
●성질이 급하신분은「南프로덕션」으로 살짝 알아보세요. (Tel.277-2572)
■ 퀴즈!
영화「남부군」의 첫전투장면중, 다리위에 떨어졌던 시집(詩集)의 제목과 作家(민족시인)는 누구일까요?
1. 응모요령 : 퀴즈의 정답을 관제엽서에 적으신후, 대한극장 정부입장권(관객보관용)과「일간스포츠」의 남부군 해외여행 애독자응모권을 같이 부착하여 보내시면 됩니다.
2. 보내실곳 : 서울 중구 인현동2가190-30(신성상가B/D517호 〒100-282) 南프로덕션 Tel.277-2572
3. 추첨일및방법 : 서울의「대한극장」의 상영종료후 1주일이내, 경찰관 입회하에 주연배우 3人의 추첨으로
4. 당첨자발표 : 대한극장추첨 다음날「일간스포츠」지면.
5. 출발예정일자 : 1990년10월 하순.(당첨자 30명정도의 명단이 발표된후 초청일자까지 약1개월이 소요됨)
6. 기타 : 해외여행을 위한 여권은 본인이 준비하며, 비자및 영화사초청과 제반경비는「南프로덕션」이 부담한다.(단, 해외여행 결격사유자는 제외됨)

1990. 7. 5.

전국 '로드쇼' 5주, 신기록 수립 중!
837,439명의 확인
방화사상 최다 제작비, 최장기 제작 기간,
최다 인원 동원, 상영 일수별 최다 관객 동원
기록 중!
"처음부터 끝까지, 우리는 '신기록'만
좋아합니다!!"

全國「로드·쇼」5週, 新기록수립中!
837,439名의 확인
방화사상最多 제작비, 最長期제작기간, 最多人員동원, 상영일수별 最多관객동원 기록中!
"처음부터 끝까지, 우리는「新기록」만 좋아합니다!!"
"이여름을 저희「빨치산」과 함께
2m가 넘는「지리산」의 눈속에서
보내시지 않으렵니까?"
南部軍
정지영/감독작품 원작/이태 주인/안성기/이혜영/최진실/최민수/트위스트김
南部軍은 이時代의 우리들이 꼭 봐야할 통일의「바이블」이다!!
6本트랙 입체음향
DOLBY STEREO
IN SELECTED THEATRES
중학생이상관람가
1회·중고생 3000원
대학생 3500원
일반 4000원
① 11:10
② 2:20
③ 5:30
④ 8:40
BEST 고집·앞서가는극장
대한극장
지하철 3·4호선〈충무역〉278-8171
끝없이 이어지는「통일 염원」인파 대행진!!

106

그들도 우리처럼

개봉 1990. 11. 10. 서울극장

원작 최인석
각본 윤대성, 김성수, 박광수
감독 박광수
출연 문성근, 박중훈, 심혜진, 황해, 박규채

- 한국영상자료원 선정 한국영화 100선.
- 제1회 춘사영화상 최우수 작품상, 여우 주연상 외.
- 제11회 청룡영화상 최우수 작품상 외.
- 제12회 낭뜨영화제 심사위원 특별대상, 연기상(심혜진).

| 감독 박광수

1990. 11. 10.

NANTES
90, 낭트3대륙 영화제
본선진출!!
91. 베를린영화제 초청
Berlin
1991
90. 좋은영화 선정
'미친×이 인사도 안하고…'
우울한 독재자/박중훈
올백의머리에
쥐색 바바리코트
오늘 그는
툭까진 윗입술을
꾹 다물고 스크린 앞에
우뚝 서있다.
'왜때려, 이 ×××야!…'
콜라같은 女子/심혜진
어딘지 모르게 오래
바라보면 어색했던 그녀를
오늘 당신은 커피한잔에
살 수 있다.
'그러지 말아요. 난 친구잖아요…'
오늘의 나/문성근
아무 생각없이 거리를
걸으면 우린 쉽게 그를
발견한다. 그건 그의
모습이 너무도 나와
흡사하기 때문이다.
「칠수와 만수」의
박광수 監督
그들도 우리처럼
연소자 관람불가
1회, 대학생 3,000
일반 3,500
11월10일!!
우리들의 일그러진
80년대를 팝니다.
(주) 동아수출공사 제작 • 배급
① 11:50
② 2:00
③ 4:20
④ 6:40
⑤ 8:50
서울극장 2
종로3가 277·3012

1990. 11. 8.

107

나의 사랑, 나의 신부

개봉 1990. 12. 29. 피카디리

감독·각본 이명세
출연 박중훈, 최진실, 김보연, 윤문식, 최종원

- 한국영상자료원 선정 한국영화 100선.
- 제36회 아시아태평양영화제 남우 주연상(박중훈).

1990. 12. 27.

ride
’가
은…!!
의 사랑,
의 신부
명세·박중훈·최진실－환상의「트리플」!!
新正特選
12月 29日(土) 開封!!
•오늘도 빛발치는 개봉독촉 ① 11:20 ② 1:40 ③ 4:00 ④ 6:20 ⑤ 8:40
예매개시
고교생입장가
•일반 4,000원
•조조·대학생 3,500원
•고교생 3,000원
사랑이 시작되는곳
피카디리
765·2245~7

「최진실」－사랑받는데 1位 입증!!
My Love, My Bride
‘남자’와 ‘여자’가 만난다는 것은…!!
나의 사랑,
나의 신부
박중훈·최진실과 함께
12月 29, 30日 (2日간) 1회에
박중훈, 최진실의 팬 사인회를 가집니다.
새해선물
新正特選
12月 29日(土) 開封!!
•오늘도 빛발치는 개봉독촉 1 11:20 2 1:40 3 4:00 4 6:20 5 8:40
예매개시
고교생입장가
•일반 4,000원
•조조·대학생 3,500원
•고교생 3,000원
제일극장
245-4131/2
단성관
광주 광주
대전 동보 명보
인천 애관 전주 코아 수원 로얄 부천 중앙
사랑이 시작되는곳
피카디리
765·2245~7

1990. 12. 28.

경마장 가는 길

개봉 1991. 12. 21. 단성사

원작 하일지
각본·감독 장선우
출연 강수연, 문성근, 김보연, 윤일주

- 한국영상자료원 선정 한국영화 100선.
- 제3회 춘사영화상 남우 주연상, 여우 주연상 외.
- 제28회 백상예술대상 영화 여자 최우수 연기상.
- 제13회 청룡영화상 남우 주연상, 여우 주연상.

경마장 가는 길
하일지 長篇小說
·값 7,000원
전통적 소설문법을 해체하는
한국문학의 새로운 가능성
이 소설은 풍문과는 정반대로 파렴치하기는 커녕, 엄격하리만치 도덕적인 소설이다. 「참으로 솔직하고 당당하구나」하는 것이 첫 느낌이었다. 〈허위와〉〈대충 넘어감〉과 〈비겁〉등의 증상으로 나타나는 〈약함〉, 〈멍청함〉, 〈거짓〉등의 악질을, 그 감염력을 주인공 R은 질타한다. ―황인숙·시인
경마장은 네거리에서 ·하일지·값 4,000원

1991년 8월 17일자 《동아일보》에 실린 영화의 원작 소설 《경마장 가는 길》 광고.

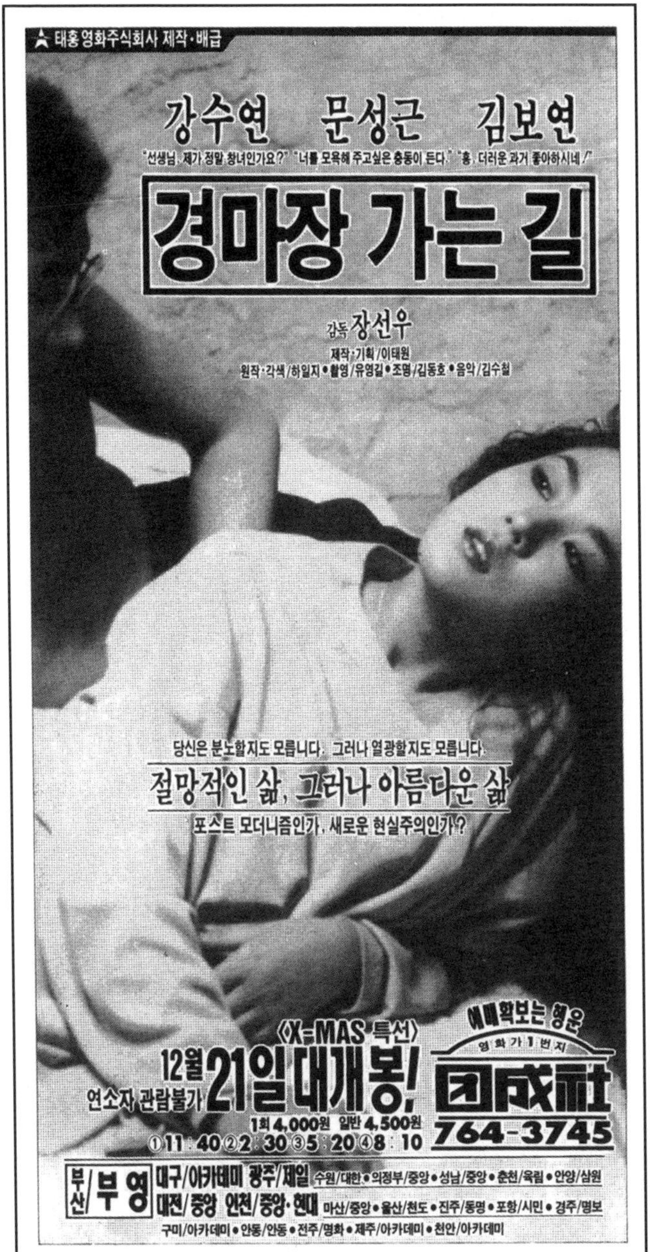

태흥 영화주식회사 제작·배급
강수연 문성근 김보연
"선생님, 제가 정말 창녀인가요?" "너를 모욕해 주고싶은 충동이 든다." "흥, 더러운 과거 좋아하시네!"
경마장 가는 길
감독 장선우
제작·기획/이태원
원작·각색/하일지 • 촬영/유영길 • 조명/김동호 • 음악/김수철
당신은 분노할지도 모릅니다. 그러나 열광할지도 모릅니다.
절망적인 삶, 그러나 아름다운 삶
포스트 모더니즘인가, 새로운 현실주의인가?
〈X-MAS 특선〉
12월 21일 대개봉!
연소자 관람불가
1회 4,000원 일반 4,500원
①11:40 ②2:30 ③5:20 ④8:10
예매확보는 행운
영화가 1번지
團成社
764-3745
부산/부영 대구/아카데미 광주/제일 대전/중앙 인천/중앙·현대
수원/대한 • 의정부/중앙 • 성남/중앙 • 춘천/육림 • 안양/삼원
마산/중앙 • 울산/천도 • 진주/동명 • 포항/시민 • 경주/명보
구미/아카데미 • 안동/안동 • 전주/명화 • 제주/아카데미 • 천안/아카데미

1991. 12. 17.

109

하얀 전쟁

개봉 1992. 7. 4. 호암아트홀

원작 안정효
각본 공수창, 심승보, 정지영, 조세래
감독 정지영
출연 안성기, 이경영, 심혜진, 독고영재, 김세준, 허준호, 김보성

- 한국영상자료원 선정 한국영화 100선.
- 제38회 아시아태평양영화제 남우 주연상.
- 제31회 대종상영화제 남우 조연상 외.
- 제29회 백상예술대상 영화 남자 최우수 연기상.
- 제5회 도쿄국제영화제 대상, 감독상.
- 제3회 춘사영화상 감독상 외.

호암아트홀이 처음으로 선정한 우리영화
그들은
누구를 위해, 무엇을 위해
남의 땅에서 그렇게 싸워야 했나?
당신은 지금
죽음의 정글에 묻은 병사들의
절규를 듣고 있는가?
하얀전쟁
감독 정지영 WHITE BADGE
안성기/이경영/심혜진
DOLBY STEREO
(주)대일필림 배급·제작
연속매진
절찬상영중!
호암아트홀
문의전화 751-5555
보너스!! 〈백2〉

1992. 7. 11.

호암아트홀이 처음으로 선정한 우리영화
20년이 지난 월남전!
참전용사들이 겪는 전쟁의 후유증과 양심의 고통은 계속되고 있다!
아직도
전쟁은 끝나지 않았다!
우리시각, 우리손으로 펼친 최초의 월남전쟁 비망록
하얀전쟁
WHITE BADGE
감독 정지영
안성기/이경영/심혜진/김세준/허석/독고영재/허준호/박흥근/배중식/노석래/서억석
DOLBY STEREO
주 대일필림 배급·제작
■고교생관람가
1회 3.500원
고교생 4.000원
대학생 4.500원
일반 5.000원
7월4일 대개봉!!
보너스!!
1회 선착순 50명에게
베트남 모자를 드립니다!
1 10:40
2 1:00
3 3:30
4 6:00
5 8:20
호암아트홀
문의전화 751-5555

1992. 7. 3.

우리들의 일그러진 영웅

개봉 1992. 8. 15. 명보극장, 명보아트홀, 시네마천국

원작 이문열
각본 장현수, 박종원, 노효정
감독 박종원
출연 홍경인, 고정일, 최민식, 태민영

- 한국영상자료원 선정 한국영화 100선.
- 제31회 대종상영화제 감독상 외.
- 제29회 백상예술대상 영화감독상, 영화 대상, 영화 작품상 외.
- 제3회 춘사영화상 최우수 작품상 외.
- 제13회 청룡영화상 감독상, 최우수 작품상 외.
- 제3회 후쿠오카국제영화제 출품.
- 제38회 아시아태평양영화제 남우 조연상.

1992년 몬트리올세계영화제 작품상 노미네이트!!

원작 이문열

이상문학상 수상작!

(주)대동흥업 제작·배급

1992年 몬트리올 世界映画祭 作品賞 노미네이트!!
마지막까지 매혹적인 마법에 걸린것처럼 깊은 생각에 빠져들게하는 보석과 같은 작품 — 르몽드
原作/李文烈
외롭고 힘든 이싸움을 끝내고 싶다!
지고싶지 않았다. 너무도 허망하게 끝난 싸움이고
또한, 그만큼 어이없이 시작된 굴종이지만
그 굴종의 열매는 달았다.
엄석대
기차바퀴에 깔리는 한이 있어도
승부에 지지않는 나다.
내게 복종하는 자만
내 그늘속의 단맛을 나눠주마.
교실에 불을 지르고 물러서지만
그의 지배는 아직 끝나지 않았다.
한병태
외롭고 힘든 싸움이었다.
석대를 이기려했던 내 자존심을
꺾는 순간부터 내게 주어진건
기대이상의 달콤함이었다.
엄석대, 그는 우리 모두의 용사였고
우리 모두의 적이었다.
•李箱 문학상 수상작!
•100만부돌파 베스트셀러!
•연극사상 최장기공연,
최다관객동원!
•영국, 불란서, 일본, 독일등
8개국 번역판기록!
어린 世上에도 계급은 있었다!
이젠 영화로 보십시오!!
우리들의 일그러진 英雄
OUR TWISTED HERO
•특별유료전야제•
•시네마천국(저녁 6시 30분, 8시 30분)
•일시 : 14日(金)
•알려드립니다•
「다이아몬드 작전」, 「로라 지켜」의 초대권을 소지하신 분은 14日 오후 3시까지 입장이 허용됩니다.
•제작·기획/도동환 •감독/박종원 원작/이문열
출연 홍경인/고정일/최민식/이진선/신구/태민영 (株)大東興業 製作·配給
〈토요일〉
8월15일 대개봉!!
시네마천국
강남3호선 신사역 547-6451~2
① 11:20 ② 1:30 ③ 3:50 ④ 6:10 ⑤ 8:30
연소자 관람가
조조·중고생 4,000원
대학생 4,500원
일반 5,000원
① 11:00 ② 1:20 ③ 3:50 ④ 6:20 ⑤ 8:40
명보아트홀
종로화신뒤 관훈빌딩 732-2131·2
명보극장
274·2121/2122
부산 대영 245-3457
대구/대구 광주/무등 대전/중앙 전주/명보. 인천/중앙·현대. 수원/수원. 춘천/육림. 의정부/국도. 성남/대한.
안양/안양. 평택/평택. 원주/원주. 부천/부천. 안산/대한·중앙. 여수/코리아. 제주/씨네하우스. 군산/국도. 순천/국도. 목포/남일. 이리/코리아

. 8. 14.

111

첫사랑

개봉 1993. 1. 22. 시네마천국, 명보아트홀, 명보극장

각본 이명세, 양선희
감독 이명세
출연 김혜수, 송영창, 조민기, 안해숙, 최종원

- 한국영상자료원 선정 한국영화 100선.
- 제38회 아시아태평양영화제 심사위원 특별상.
- 제31회 대종상영화제 감독상, 여우 주연상 외.
- 제14회 청룡영화상 최우수 작품상, 감독상, 여우 주연상.

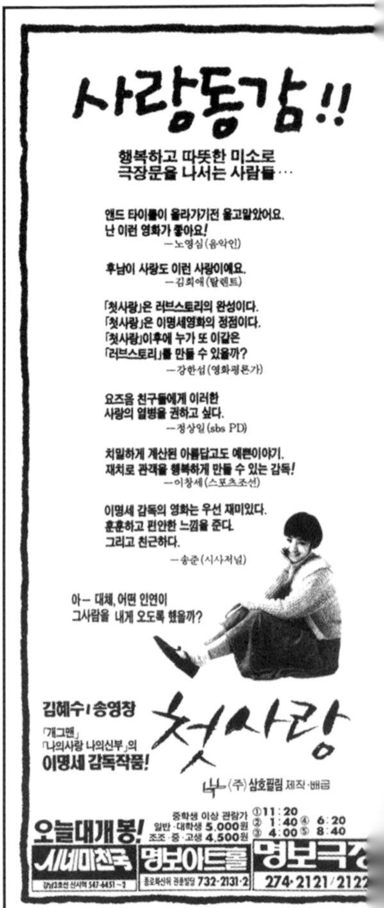

사랑동감!!
행복하고 따뜻한 미소로
극장문을 나서는 사람들…
앤드 타이틀이 올라가기전 울고말았어요.
난 이런 영화가 좋아요!
―노영심(음악인)
후남이 사랑도 이런 사랑이예요.
―김희애(탈렌트)
「첫사랑」은 러브스토리의 완성이다.
「첫사랑」은 이명세영화의 정점이다.
「첫사랑」이후에 누가 또 이같은
「러브스토리」를 만들 수 있을까?
―강한섭(영화평론가)
요즈음 친구들에게 이러한
사랑의 열병을 권하고 싶다.
―정상일(sbs PD)
치밀하게 계산된 아름답고도 예쁜이야기.
재치로 관객을 행복하게 만들 수 있는 감독!
―이창세(스포츠조선)
이명세 감독의 영화는 우선 재미있다.
훈훈하고 편안한 느낌을 준다.
그리고 친근하다.
―송준(시사저널)
아― 대체, 어떤 인연이
그사람을 내게 오도록 했을까?
김혜수 / 송영창
「개그맨」
「나의사랑 나의신부」의
이명세 감독작품!
첫사랑
(주)삼호필림 제작·배급
오늘대개봉!
중학생 이상 관람가
일반·대학생 5,000원
조조·중·고생 4,500원
①11:20 ② 1:40 ③ 4:00 ④ 6:20 ⑤ 8:40
시네마천국
명보아트홀
종로확신뒤 관훈빌딩 732-2131·2
명보극장
274-2121/2122

1993. 1. 22.

그사람 생각을 하면
머리속이 와글와글 해진다!!
도대체 왜그러지? 왜?
—앉을수도 서있을수도 없이 분주해지는 마음…
거울속엔 빨간 사과처럼 익은 내 얼굴이
울지도 웃지도 못하고 서성댄다.
어젯밤에 잠도 못잤는데
아침에 따르릉 시계소리에
부시시 잠에서 깼다.
라디오에선 아름다운 음악소리가
행복하게 들려온다.
사랑, 이별, 눈물, 추억…
골목골목마다 빨간 우체통/
그러나 난 부칠수가 없다.
내마음과 다르게 써졌으면 어쩌나,
받아보고 웃으면 어쩌나…
어젯밤엔 그렇게 잘 써졌던 편지가
오늘은 왜 이렇게 부끄럽게 느껴지는걸까?
시간은 자꾸자꾸 흘러만 가고
겨울해는 유난히 짧아서
밖이 벌써 어둑어둑해져온다.
오늘, 또 나는 부치지도 못할 편지를
밤새 쓰게 되겠지…
김혜수/송영창
첫사랑
「개그맨」「나의사랑 나의신부」의
이명세 감독작품!
〈株〉삼호필림 제작·배급
1월22일〈금요일〉대개봉!
중학생 이상 관람가 일반·대학생 5,000원 조조·중·고생 4,500원
①11:20 ②1:40 ③4:00 ④6:20 ⑤8:40
설레이는 예매!!
누군가를 위해, 사랑을 위해
지금 곧 〈첫사랑〉을 예매하세요.
시네마천국
강남3호선 신사역 347-6451~2
명보아트홀
종로화신뒤 관훈빌딩 732-2131·2
명보극장
274·2121/2122
부산 제일 245-4131
대구 아카데미 46-6561·3
광주 성도 232-3929
인천/애관·부평
수원/중앙
부천/중앙
대전/중앙
전주/코아·아카데미
제주/피카디리
의정부/의정부, 안양/무비프라자, 안산/피카디리·보성, 성남/피카디리, 평택/평택, 춘천/피카디리, 원주/문화, 강릉/중앙, 광명/한빛, 충주/아카데미, 청주/청도·명화, 천안/시네마타운, 공주/중앙, 마산/동아·태화, 울산/시민, 진주/시네마·푸른, 충무/중앙, 진해/해양, 경주/대왕, 안동/안동, 포항/시민, 구미/아카데미, 순천/시네마, 여수/중앙, 이리/제일, 군산/명화, 목포/목포

1993. 1. 21.

서편제

개봉 1993. 4. 10. 단성사

원작 이청준
각본 김명곤
음악 김수철
감독 임권택
출연 김명곤, 오정해, 김규철, 신새길, 안병경

- 한국영상자료원 선정 한국영화 100선.
- 제14회 청룡영화상 감독상, 남우 주연상, 여우 주연상, 최우수 작품상 외.
- 제31회 대종상영화제 최우수 작품상, 감독상, 남우 주연상 외.
- 제4회 춘사영화상 최우수 작품상, 감독상, 여우 주연상 외.
- 제30회 백상예술대상 영화 작품상.

이청준 연작소설
이 땅에 노래로 살다간 사람들은 저 작은 바닷새의 꿈으로 영원히 살아갈 것입니다.
서편제
이청준연작소설
역사의 겨울이야기…….
천민예술가 소리꾼들의 삶과애환 !
시내 대형서점 베스트 셀러 진입
• 교보문고 8위 종로서적 10위
"서편제"는 임권택 감독에 의해서 영화제작 되었습니다.
열림원

1993년 4월 5일자 《동아일보》에 실린 영화의 원작소설 《서편제》 광고.

우리영화의 절정!!
감독 임권택
서편제
김명곤, 오정해, 김규철
태흥영화주식회사 제작 배급

1993. 4. 10.

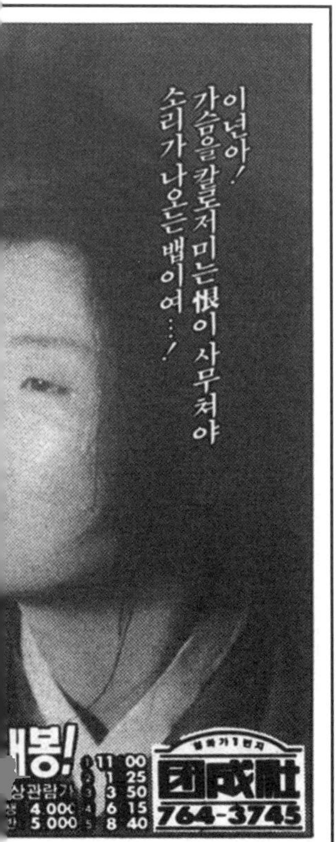
이년아! 가슴을 칼로저미는 恨이 사무쳐야
소리가 나오는 뱁이여…!
개봉!
상관람가
4.000
5.000
1 11 00
2 1 25
3 3 50
4 6 15
5 8 40
團成社
764-3745

감독 임권택
서편제
거장 임권택의 영상혼이 살아꿈틀댄다!
우리영화의 절정!!
이년아! 가슴을 칼로저미는 恨이 사무쳐야
소리가 나오는 뱁이여…!
비바람 서러운세월, 황토먼지 옷삼아 떠도는 소리꾼들의 恨과 신명!
주연 김명곤, 오정해, 김규철
태흥영화주식회사 제작 배급
4月10日 개봉!
중학생이상관람가
조조 중고생 4.000 일 반 5.000
1 11 00
2 1 25
3 3 50
4 6 15
5 8 40
團成社
764-3745
부산 부영 대구 아카데미 광주/제일 대전/아카데미 인천/중앙·현대
수원/대한, 의정부/중앙, 성남/중앙, 청주/제일·스크린
원주/시공관, 안양/삼원, 부천/소사, 충주/한일, 포항/시민, 구미/아카데미 목포/시네마
안동/안동, 경주/대왕, 전주/명화, 제주/아카데미, 순천/맘모스 여수/중앙, 춘천/육림,
군산/국도, 이리/아카데미, 울산/태화, 마산/연흥, 진주/동명 천안/아카데미

1993. 4. 9.

113

그 섬에 가고 싶다

개봉 1993. 12. 25. 호암아트홀

원작 임철우
각본 이창동, 임철우, 박광수
감독 박광수
출연 안성기, 문성근, 심혜진, 안소영

● 한국영상자료원 선정 한국영화 100선.

1993. 12. 20.

을
니다!
보석같은
십시오.

Island
고 싶다

안소영
/ 김일우 / 강선숙
나이세스
● 고교생 관람가
호암아트홀
751-5555
애관·부평
평택
무비플라자

그 섬에서 안성기는 詩가 되었다.

웃음·눈물·사랑·증오·꿈·恨이
폭풍처럼 휘몰아 치는 섬.
詩를 쓰지 않고서는 목마름을
견딜 수가 없었습니다.

그 섬에서 문성근은 바람이 되었다.

잔잔한 가슴을 울렁거리게 하는 파도,
자유롭고 싶은 욕망의 섬.
사나이가 키운 꿈 때문에
사고를 칠 수밖에 없었습니다.

그 섬에서 심혜진은 별이 되었다.

보석같은 별빛으로 메마른 영혼을
맑게 씻어내리는 섬.
백치의 눈으로 찾아낸
삶의 진실은 더욱 선명합니다.

To The Starry Island

그 섬에 가고 싶다

박광수 감독작품

안성기 / 문성근 / 심혜진 / 안소영

최형인 / 이용이 / 김용만 / 허준호 / 이경영 / 김일우 / 강선숙

박광수필름 협력제작 · 삼성 나이세스

파격적인 행운을 잡으세요!
선착순 20,000명 관객에게
오리지널 사운드트랙
카세트 테입을 드립니다!!
제공 : 삼성 나이세스

12月 25日 (토요일) 大개봉 ● 고교생 관람가

● 24日 오후 5時 유료 전야제 //

● 조조, 고교생 4,500원 ● 일반, 대학생 5,000원

① 11:30 ② 1:40 ③ 3:50 ④ 6:00 ⑤ 8:00

호암아트홀
751-5555

부산 241-1201
만경관 23-2041
광주 224-5858
서라벌 256-2719
애관·부평
중앙
중앙
피카디리
성남
의정부
평택
무비플라자

● 마산 / 연흥 ● 울산 / 태화 ● 진주 / 동명 ● 안산 / 피카디리 · 보성 ● 춘천 / 피카디리 ● 원주 / 문화 ● 강릉 / 신영
● 광명 / 한목시네마 ● 제주 / 코리아 ● 청주 / 청주 · 도도 ● 천안 / 스울시티 · 브로드웨이 ● 충주 / 한일 ● 온양 / 시티
● 논산 / 아카데미 ● 서산 / 서산 ● 여수 / 그랑프리 ● 순천 / 씨네마 ● 이리 / 제일 ● 정읍 / 정읍 ● 목포 / 제일 ● 군산 / 국도

1993. 12. 25.

114

개 같은 날의 오후

개봉 1995. 9. 8. 명보극장

원작 송재희
각본 조민호, 장진, 이민용, 이경식
감독 이민용
출연 하유미, 정선경, 손숙, 김보연, 송옥숙, 임희숙

- 한국영상자료원 선정 한국영화 100선.
- 제7회 후쿠오카국제영화제 출품.
- 제6회 춘사영화상 각본상 외.
- 제16회 청룡영화상 신인 감독상 외.

1995. 9. 8.

란?
게 먹인다
오후
하유미, 손숙, 김보연, 송옥숙, 정보석,
김민종, 임화숙, 문수진, 이진선, 이제락
■ 전화예매 : 267-1522
명보
을지로 3가 274-2121
대지
●광주 성도시네마 224-1145

이 여자들의 특별했던 여름이야기 —
당신의 오후를 '확' 채워줄 '속' 시원한 영화
개같은 날의 오후
곧 개봉!
상영시간표
①11 : 30
② 1 : 45 ④6 : 20
③ 4 : 00 ⑤8 : 30
조조 5,000원
일반 5,500원
감독 : 이민용
출연 : 정선경, 하유미, 손숙, 김보연, 송옥숙, 정보석, 이경영, 김민종, 임화숙, 문수진, 이진선, 이제락
제작/배급 : (주) 필름 (주)제일기획
협찬 : BIF 라피네
한일약품
■ 전화예매 : 267-1522
오스카
한일
신촌아트홀
힐탑 시네마
명보
MYUNG BO PLAZA
을지로 3가 274-2121
롯데월드 3·4
브로드웨이
화양
명화
대지
●부산극장 241-1201 ●대구 아세아 254-7833, 255-0819 ●광주 성도시네마 224-1145
●대전 서라벌 232-3929 ●포항/가고파 ●제주/아카데미 ●인천/중앙, 미림, 금성 ●수원/중앙 ●의정부/중앙
●울산/현도 ●아산/연흥아트홀 ●진주/성남 ●경주/아카데미 ●구미/코스모스 ●김천/아카데미 ●점촌/삼일
●안동/진성 ●영주/영보 ●목포/제일 ●여수/그랑프리 ●순천/왕모스 ●이리/제일 ●군산/국도 ●천안/스플시티
●청주/도도, 서라벌 ●서산/서산 ●온양/녹산 ●충주/한일 ●성남/중앙 ●안양/삼원 ●부천/부천 ●평택/중앙
●안산/대한, 중앙 ●광명/개봉 ●춘천/육림 ●원주/시공관 ●강릉/썬프라자

1995. 9. 6.

아름다운 청년 전태일

개봉 1995. 11. 18. 서울극장, 씨네하우스,
녹색극장, 롯데월드, 동아극장

각본 김정환, 박광수, 이창동, 이효인, 허진호
감독 박광수
출연 문성근, 홍경인, 김선재, 유순철

● 한국영상자료원 선정 한국영화 100선.
● 제6회 춘사영화상 최우수 작품상, 감독상, 남우 주연상 외.
● 제16회 청룡영화상 최우수 작품상, 감독상 외.

"고맙습니
그의 어머님은 기뻐하셨습니다.
빈틈을 찾기 힘든 완벽한 영상에 담긴
한 아름다운 영혼의 진실한 모습은
가슴 뭉클한 감동을 느끼게 한다.
전태일에게도 바치도 부끄럽지 않은 영화!
흑백 화면의 품격과 아름다움을 실감할 수 있다.
비어 있는 듯 여유로운
미장센의 정감이 아름답다.
흑백 이미지와 컬러 이미지의
정교한 연결을 통한 편집기술의 빛남.
박광수 감독의 '대표작'이 될 것이다.
아 름 다
전
씨네하우스
녹색극장
롯데월드3·4

1995. 11. 25.

①11:50
② 2:00 ④ 6:50
③ 4:20 ⑤ 8:50
서울극장

오늘,
살아서 만나리라!
아름다운청년
전태일
문성근/홍경인/김선재 박광수 감독작품
오늘 대개봉!!
예매로 만나세요!
감동이 두배입니다!
홍경인 팬사인회
18일(土)-서울극장
20일(月)-광주 신동아 극장
①11:50 ②2:00 ③4:20 ④6:50 ⑤8:50
고교생이상 관람가
조조, 고교생 5,000원
일반 5,500원
씨네하우스
영동도산공원앞 544-7171
서울극장
종로3가 277-3011~3
곧개봉!
녹색극장
2호선신촌역 393-5274/5
롯데월드3·4
잠실 롯데월드 내 421-2383
시네마천국
강남 3호선 신사역 517-0722~3
동아극장
2호선 강남역 552-6111~3
은아극장 808-2311
아카데미 245-4614
태화 211-2471
명보 427-4013
시민 47-3368
신동아 222-0006
신도 256-0342
시네마타운 258-1001~4
인천/피카디리·중앙 부평/중앙·광장 수원/수원

1995. 11. 28.

꽃잎

개봉 1996. 4. 5. 단성사, 씨네하우스, 롯데월드1, 씨티극장, 한일시네마, 새서울극장, 경원극장, 이화예술

원작 최윤
각본 장문일, 장선우
감독 장선우
출연 이정현, 문성근, 이영란, 추상미, 설경구, 박철민

- 한국영상자료원 선정 한국영화 100선.
- 제17회 청룡영화상 남우 주연상 외.
- 제41회 아시아태평양영화제 최우수 작품상.

1996. 3. 29.

117

돼지가 우물에 빠진 날

개봉 1996. 5. 4. 동아극장, 롯데예술, 코아아트홀3

원작 구효서
각본 홍상수, 정대성, 여혜영, 김알아, 서신혜
감독 홍상수
출연 김의성, 박진성, 조은숙, 이응경, 방은희

- 한국영상자료원 선정 한국영화 100선.
- 제26회 로테르담국제영화제 타이거상.
- 제15회 벤쿠버국제영화제 용호상.

1996. 4. 29.

단편소설 같은 영화!
괴팍한 일상의 리얼리티, 매우 끔찍한 4가지 에피소드!
가 코멘트
표 4개 만점 기준)
에 있어 완벽한 조화를 이룬 놀라운 영화의 출현,
로운 출발점! -강한섭 (영화평론가 ★★★★)
르네상스를 질적으로 이끌어 올리는 획기적인 수작
곳같은 영화 -양윤모 (영화 평론가 ★★★★)
소름끼치는 전율이 공존하는 일상성 영화의 정상!
론가 ★★★ 1/2)
없는 '섬뜩한 발견'! -정성일(영화 평론가 ★★★★)
지가 우물에
진날
감독/홍상수
이응경/김의성/조은숙/손민석/전해룡/방은희
HOME VIDEO (주)영성프로덕션
0-7114
700-7100
영화표 전화예매
700-3334
5월 4일 대개봉!
연소자 관람불가.
●조조 5.500원
●일반 6.000원
/명보 광주/성도 수원/수원 인천/인형
울산/태화 천안/피카디리 청주/청주 전주/명보
동아극장
2호선 강남역552·6111~3
롯데예술극장
잠실전철역 411-4343
코아·아트홀3
정부/의정부 ●춘천/피카디리 ●성남/씨네아스트
양/아카데미 ●안산/영풍시네마●평택/평택
양●진주/성남●온양/동보●충주/한일 ●홍성/동원●서산/서산●순천/황금●목포/씨네마●이리/제일●군산/명화●여수/코리아

118

축제

개봉 1996. 6. 6. 씨티극장, 단성사

원작 이청준
각본 육상효
감독 임권택
출연 안성기, 오정해, 한은진, 정경순, 안병경

● 한국영상자료원 선정 한국영화 100선.
● 제33회 백상예술대상 영화감독상.
● 제17회 청룡영화상 최우수 작품상, 감독상.
● 제6회 후쿠오카국제영화제 출품.

1996. 6. 6.

임권택 감독, 작가 이청준이
첫시도하는 문학과 영화의 대화
'96 제16회 영평상 최우수작품상,
남우주연상 수상!!
삶과 죽음 그리고 남은 이들의 향연
축제
감독 임권택
출연 안성기/오정해/한은진/정경순/박승태/이금주/안병경
제작·기획 이태원 원작 이청준 각색 육상효 감독 임권택
촬영 박승배 조명 김강일 음악 김수철
태흥영화(주)
중·고생 5,000
일 반 6,000
700-3334
영화가 1번지
단성사
080-990-8000
■중학생이상 관람가
① 11:50
② 2:00
③ 4:10
④ 6:20
⑤ 8:30
절찬상영중!
씨티극장
강남역 · 뉴욕제과맞은편 561-3388
부산 부산
대구 만경관
광주 제일
대전 중앙
인천 인형·중앙·대한
수원/중앙·로얄, 의정부/중앙·국도, 성남/한신코아, 안양/아카데미, 부천/소사, 춘천/육림, 원주/시공관, 평택/중앙, 안산/대한
아산/연흥, 울산/천도, 진주/성남, 포항/중앙, 구미/아카데미, 안동/안동, 경주/아카데미, 김천/한일, 영주/가고파, 전주/명화
제주/아카데미, 목포/제일, 여수/중앙, 순천/국도, 군산/아카데미, 이리/코리아, 정주/현대, 남원/단성사, 청주/중앙, 천안/한일
충주/아카데미, 제천/중앙, 온양/녹산, 서산/서산, 예산/중앙, 홍성/동원

1996. 6. 8.

119

초록물고기

개봉 1997. 2. 7. 서울극장, 녹색극장, 롯데월드2, 그랑프리, 애경시네마, 동아극장, 경원극장, 한일시네마, 옴니시네마

각본 이창동, 오승욱
감독 이창동
출연 한석규, 심혜진, 문성근, 동방우, 김용만, 정진영

● 제18회 청룡영화상 최우수 작품상, 감독상, 남우 주연상 외.
● 제33회 백상예술대상 영화 작품상, 영화 남자 최우수 연기상, 영화 여자 최우수 연기상.
● 제35회 대종상영화제 남우 주연상, 여우 주연상, 시나리오상 외.

1997. 2. 7.

심혜진
문성근
오늘 9
이주오래 기억될
영화와 만납니다!
초록물고기
한석규/심혜진/문성근 특별출연/명계남/김용만 감독/이창동
(주)이스트 필름 창립작품 배급/제작지휘(주)시네마 서비스
<초록물고기>관객선물
▷선물1:이모레 립스틱 -선착순300명(개봉당일 2월7일)
▷선물2:지오다노 티셔츠 -선착순60명(개봉당일 2월7일)
▷선물3:오남골로리 머그잔 -선착순200명(2월8일)
▷선물4:공연기획「이다」에서 제공하는 〈콘트라베이스〉
공연티켓 -선착순300명(2월9일)
(서울극장에 한함)
한석규·심혜진·문성근 팬사인회
▷7일:서울극장 1회,2회사이
▷8일:부산
▷9일:대구,포항
오랜만에 만나는 감동의 드라마!
예매하십시오!
①11:30
②1:50
③4:10
④6:30
⑤8:50
1회 5,500
일반 6,000
2월15일 대개봉!
서울시네마타운
서울극장
종로3가 277-3011~3/269-2701~3
그랑프리
3호선 신사역 518-9091·2
애경 시네마
동아 극장
2호선 강남역 552-6111-3
경원극장
영등포 634-3212
한일 시네마
5호선천호역 489-0747/8
옴니 시네마
971-9000
광주 제일
277-1960
대구 씨네아시아
253-3581~3
대전 중앙
233-5517
수원 시네마타운
258-1001/4
인천/피카디리·부평
부천/중앙
의정부/의정부
춘천/브로드웨이
강릉/씨네마
마산/동아·태화
울산/시민
진주/대한
전주/국도
포항/가고파·중앙
제주/피카디리

120

박하사탕

개봉 2000. 1. 1. 피카디리, 동아극장, CGV강변11, 코아아트홀

각본·감독 이창동
출연 설경구, 문소리, 김여진, 박세범, 서정, 고서희

- 제21회 청룡영화상 각본상, 남우 주연상.
- 제37회 대종상영화제 최우수 작품상, 감독상 외.
- 제8회 춘사영화상 각본상, 남우 주연상.

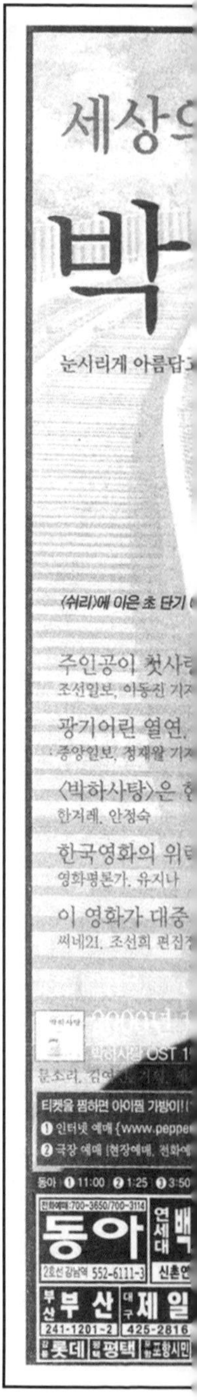

1999. 12. 30.

든 눈물을 그의 첫사랑에 바칩니다
-사탕
든 새해 첫 우리영화!
는 순간, 관객은 깊은 한숨을 토했다
이름을 기억해두는 게 좋을 것
세기에 전하는 선물이다
다면 한국영화의
불행한 일이다
개봉
설경구 주연 이창동 각본. 감독
사탕 영화소품 인터넷 경매! www.yahoo.co.kr / 박하사탕 포럼
월 7일 상영분에 한함
v.maxmovie.co.kr}
〈박하사탕〉 밀레니엄카운트다운 이벤트[12월 31일밤 11시 30분 피카디리 극장앞]
❶ 스타와 함께 : 설경구, 문소리, 김여진, 이창동감독, 명계남
❷ 파티도 즐기고 : 샴페인 파티, 폭죽쇼가 어우러진 2000년 카운트 다운
〈박하사탕〉 전국 퀴즈 대축제[700-5010]
2000년1월24일
당첨발표] 2000년 1월26~
피카디리 ❶11:10 ❷1:30 ❸3:50 ❹6:10 ❺8:30
aizim evian JINRO Polaroid MIC HITEL
전화예매 761-0300
안내 3424-1600
CGV 강변11
철2호선 강변역
코아·아트홀
종로2가 YMCA 건너편 739-9932~3
롯데월드 2
잠실 롯데월드 내 417-0213~4
브로드웨이
3호선(신사역) 511-2301~3
미도파 시네마
4·7호선 노원역 950-2830
키네마
3445-2020
피카디리
765-2245~7
바벨
595
인천 CGV
237-1400
인천 인형
772-8948
인천 터미널
430-7334~4
수원 대한
246-6674~5
전주 명화
제주 아카데미
성남1관
롯데
킴스
아카데미
천도
메가폴리스
아카데미
뉴월드
시네씨마
이천
중앙
연흥
대한
코스모스
금
재일
국도
아카데미
중앙
대한
크리스탈
오스카
삼일
동부
아카데미
대한